PROVENCE

EINLADUNG ZUM GENIESSEN

JUDITH DEVEREUX FAYARD

PROVENCE

EINLADUNG ZUM GENIESSEN

Fotos von Bruno Morandi
Deutsch von Sigrid Langhaeuser, Eliane Hagedorn
und Barbara Reitz

DROEMER

Originaltitel: Esprit du goût. Provence
Originalverlag: Éditions Plume, Paris

Autorin und Verlag danken: Claudie Barry, Nathalie Bramellec, François Bacurard, Sylvian Isaïa, Patrick Galtié, Jean Louis Castelin, Jean Louis Genovesi, Gérard Sioen, Regine Debonduwe, Didier Priou, Toni Vianello von der »Osteria«, Souleiado und der Agentur Haoqui.

Besuchen Sie uns im Internet:
www.droemer-knaur.de

Fotos: Bruno Morandi
S. 7, 105, 117: Lauros-Giraudon;
S. 8: Bridgenian-Giraudon
S. 17, 96, 100: Giraudon
Umschlaggestaltung: Agentur ZERO, München
Satz: Gloor GmbH, München

Printed in Italy
ISBN 3-426-27164-8

5 4 3 2 1

INHALT

EINLEITUNG

Sonnenblumen- und Lavendelfelder erinnern an die Düfte der Provence.

Die Provence ist ein Mythos. Für viele der Traum vom lang ersehnten Paradies, wo ewig die Sonne scheint, das Land der weißen Berge und des azurblauen Meers mit Heide und wilden Kräutern, Mandelbäumen und Olivenhainen; das Land, in dem Lavendelfelder blühen, so weit das Auge reicht; wo sich Platanenalleen durch die Landschaft ziehen; das Land der Bergdörfer und bunten und üppigen Märkte; das Land von Knoblauch, Oliven und grüngoldenem Olivenöl; die Provence, das Land der ausgedehnten Mittagessen und trägen Nachmittage, allein begleitet vom Klimpern der Eiswürfel in einem Glas Pastis, dem Klacken der Boulekugeln und dem Gesang der Zikaden.

Doch es gibt nicht nur eine Provence, sondern derer viele: die herbe Schönheit des Hochlandes, die üppigen Weingärten des Rhônetals, die sagenumwobenen Felsen der Alpilles, die mittelalterlichen Dörfer des Lubéron, die schwarzen Stiere und rosafarbenen Flamingos der Camargue, die Cabanons der Fischer in den Calanques, die eleganten Hôtels von Aix, Denkmäler aus der Römerzeit, die Corridas in Arles und Nîmes und das Großstadttreiben im brodelnden Marseille …

L'Arlésienne *von van Gogh, 1888, Öl auf Leinwand, New York, Metropolitan Museum of Art.*

Der singende provenzalische Akzent zeugt noch heute von der mittelalterlichen *langue d'oc*, der Sprache der Troubadoure und ihrer Lieder der höfischen Minne. Dreihundert Jahre lang war die Provence im Mittelalter unabhängig, in der Zeit, als die Kreuzfahrer von Marseille und Aigues-Mortes aus nach Jerusalem aufbrachen. Die Menschen in den Bergdörfern suchten hinter wuchtigen Befestigungsmauern Schutz vor Räubern, vor den Rivalitäten der Feudalherren und den mörderischen Religionskriegen. Im 14. Jahrhundert regierten von Avignon aus sieben französische Päpste die ganze westliche Christenheit, und selbst nachdem der größte Teil der Provence im Jahr 1481 französisch geworden war, blieben Avignon und das Comtat Venaissin bis Ende des 18. Jahrhunderts päpstliches Territorium.

In fast allen Geschichten um die Provence tauchen herausragende Persönlichkeiten auf: Marius, ein römischer Feldherr, der in der legendären Schlacht von 102 v. Chr. die einfallenden Barbaren besiegte; Raymond de Turenne, ein tyrannischer Herrscher, der von Les Baux bis zum Lubéron die Menschen in Schrecken versetzte; der Philosoph und prophetische Wahrsager Nostradamus und Petrarca, der große italienische Dichter, der in L'Isle-sur-la-Sorgue verseschreibend seiner angebeteten Laura harrte. König René, ein Mann der Renaissance und der letzte unabhängige Herrscher der Provence. Cézanne blieb seiner Heimatstadt Aix immer treu, van Gogh malte in Arles und Saint-Rémy. Und vier große Schriftsteller sind mit der Provence verbunden: Alphonse Daudet mit seiner Mühle in Fontvieille, Jean Giono in Manosque und Forcalquier, Marcel Pagnol im alten Hafen von Marseille und dem kleinen Bergdorf La Treille und schließlich Frédéric Mistral, der Meister aus Maillane. Auch Legenden spielen überall in der Provence eine wichtige Rolle. Die eindrucksvollste ist die Legende der beiden heiligen Marien. Sie gründeten Saintes-Maries-de-la-Mer.

Glyzinien wachsen in der Provence an vielen Häusern.

Versiegte Brunnen sind von Efeu überwachsen.

Die moderne Provence, der französische Regierungsbezirk, der offiziell Provence-Alpes-Côte d'Azur heißt, erstreckt sich vom Westufer der Rhône und ihrem Delta bis zur italienischen Grenze und vom Drômetal und den Alpes Maritimes bis zum Mittelmeer. Es ist ein viel zu vielfältiges Gebiet, um in einem einzigen Buch behandelt zu werden, zumal die Geschichte der Côte d'Azur mehrere hundert Jahre lang vollkommen getrennt von der der Provence verlief, weil das Gebiet von Menton bis Nizza bis 1851 zu Italien gehörte. Im folgenden wird daher nur das alte Kernland der Provence beschrieben. Alles übrige ist eine andere Geschichte für einen anderen Tag.

Stilleben *(Ausschnitt) von Paul Cézanne, um 1890, London, Courtauld Institute Galleries.*

ARLES
UND UMGEBUNG

Seite 10/11:
Festzug zur Fête de la Transhumance: Die traditionelle Tracht der Männer besteht aus einem Hemd, das am Kragen mit einem Band zusammengehalten wird, einer schwarzen Weste und einem breitkrempigen, schwarzen Filzhut.

Linke Seite:
Frauen in Arleser Tracht im Kreuzgang des Klosters Saint-Trophime. Traditionell tragen sie bunte Schultertücher und weiße Käppchen, bei großer Hitze spendet ein Strohhut zusätzlich Schatten.

Obst und Gemüse, Fisch und Geflügel, Fleisch und Käse, Austern und Tellines mit winzigen Schalen, Pasteten, Brot und knusprige Fougasses, Honig, Ingwer und Oliven, entkernt und auf fünfzig verschiedene Arten eingelegt und gewürzt, piepsende Küken und quakende junge Entchen, neue Kleidung, gebrauchte Kleidung, Pferdedecken und Halfter, Kuhglocken und Schafsglocken, Schaufeln und Spaten, provenzalische Baumwolle und Seidenbrokate, Matratzen, Souvenirs für die Jahrtausendwende, Schmuck und Trödel – der Sonntagsmarkt von Arles, der sich den ganzen Boulevard des Lices entlangzieht, bietet für jeden etwas. Zum Beispiel ein Bund frisch geschnittenen Lavendel oder ein kleines gerahmtes Ahnenportrait irgendeines Bürgers der Stadt oder auch eine würzig schmeckende Saucisson d'Arles für zwischendurch.

»Die berauschenden Düfte des Orients und Arabiens, die Reichtümer Assyriens und Afrikas sowie die üppigen Früchte aus Spanien und dem fruchtbaren Gallien, alles ist in Arles zu finden«, berichtet schon ein Augenzeuge aus dem 5. Jahrhundert. Die Waren Assyriens sind verschwunden, und die berauschenden Düfte stammen heute wohl eher von Giorgio Armani oder Christian Dior, aber selbst ein Petunientopf oder ein Keramikkrug vom Markt in Arles hat etwas von der Aura der sagenumwobenen Vergangenheit.

Die provenzalischen Märkte wirken wie eine Inszenierung in leuchtenden Farben. Die Düfte südländischer Gewürze und der melodische Akzent der Sprache passen gut zu der beschaulichen Lebensart.

Arles und seine Umgebung liegen im Zentrum römischer Vergangenheit – der vielschichtigen, doppelbödigen Provence. Sie ist so weich wie die von Jasminduft erfüllte Luft einer Sommernacht, so wild wie die Winde, die die zerklüfteten Felsen der Alpilles geformt haben, so hell wie das Morgenlicht auf einem Sonnenblumenfeld, so dunkel wie Dämonen und Drachen der provenzalischen Legenden. Die mittelalterlichen Kirchen stehen auf den Fundamenten heidnischer Tempel, die

Die Arena von Arles wurde Ende des 1. Jahrhunderts v. Chr. erbaut. Das Amphitheater ist 136 m lang und 107 m breit. Das riesige Oval hat 34 ansteigende Ränge, auf denen während der Corridas und Courses Camarguaises mehr als 20 000 Zuschauer Platz finden.

Bei den provenzalischen Corridas überbieten die Stierkämpfer einander an Geschicklichkeit und Bravour.

zu Cäsars Zeiten den römischen Göttern geweiht waren. Wer mit seinen Kriegern durch das Land zog, hinterließ die Spuren seiner Götter: von Isis und Osiris bis zum persischen Mithras. Die provenzalischen Legenden gehen bis auf die Griechen, die im 6. Jahrhundert v. Chr. aus Marseille kamen, zurück, und auf die keltischen Ligurer. Man erzählt, daß Herkules nicht weit von Arles gegen die Söhne Poseidons kämpfen mußte. Und die Gardians, die Cowboys der Camargue, die noch heute den traditionellen dreizackigen Hirtenstab führen, sollen die Nachkommen Poseidons sein. Nirgends sind Legende und Historie so eng verwoben wie in Arles. Auf der Place de la République steht ein Obelisk, der aus dem römischen Circus stammt. Darum herum die Zeugnisse der Jahrhunderte: Saint-Trophime (12. Jahrhundert), die Tour de l'Horloge aus dem 16. Jahrhundert, die Kirche Sainte-Anne aus dem frühen 17. Jahrhundert, das Hôtel de Ville aus dem späten 17. Jahrhundert, die Fassade des bischöflichen Palais aus dem 18. Jahrhundert…

Im Jahr 125 v. Chr., als die Römer auf dem Plan erschienen, war aus der griechischen Stadt *Theline* bereits *Arelate* geworden, ein keltischer Name, der »Stadt bei den Sümpfen« bedeutet – gemeint ist nicht die Camargue, sondern ein großer See, der einst die nördliche Ebene bedeckte. *Arelates* Zukunft als Seehafen war

Die Ferrades sind in der Camargue ein wichtiges Ereignis: Dem betäubten Stier wird das Zeichen seines Besitzers eingebrannt. In den Straßen herrscht derweil buntes Treiben.

gesichert, als der römische Konsul Marius einen Kanal von der Rhône zum Meer baute – derselbe Marius, der die einfallenden Teutonen im Jahr 102 v. Chr. so ruhmvoll besiegte, daß seither in der ganzen Provence zahlreiche Knaben nach ihm benannt wurden.

Schon bald bildete Arles den Kreuzungspunkt von vier Hauptverkehrsadern des römischen Gallien – der Via Aurelia, der Via Regorda, der Via Agrippa und der Via Domitia, die von Italien nach Spanien führte. Veteranen aus Cäsars 6. Legion wurden angesiedelt, so daß Arles eine Blütezeit erlebte, als Rom sich bereits im Niedergang befand.

Die Stiere mit den geschwungenen Hörnern werden in der Camargue gezüchtet.

Im 4. Jahrhundert machte Kaiser Konstantin Arles zur Hauptstadt. Sein Baueifer ließ eine »moderne« Stadt entstehen: gepflasterte Straßen mit Bürgersteigen, ein Aquädukt, Abwasserkanäle, Brunnen, marmorne öffentliche Latrinen, ein Forum, ein prächtiges Theater, das größte Amphitheater in ganz Gallien, einen Circus für Wagenrennen und Thermen, die so imposant waren wie die des Caracalla. Vom Aquädukt, dem Circus und den Thermen stehen nur noch Fragmente, Theater und Amphitheater jedoch sind intakt.

Das Amphitheater, im Volksmund Arena genannt, ist fast vollständig erhalten. Ursprünglich wurden die Arkadengeschosse von einer Attika bekrönt. Im Mittelalter verkam es zur

In der glühenden Hitze der Provence spendet überall plätscherndes Wasser Erfrischung. Hier Detail eines Brunnens an der Place de la République.

Festung, innerhalb deren sich zweihundert Häuser und zwei Kapellen drängten. Wo einst Gladiatoren gegen Löwen und Krokodile gekämpft hatten, tummeln sich heute jubelnde Aficionados, nicht nur zu den klassischen Stierkämpfen, sondern auch zu den Courses Camarguaises, bei denen eine Mannschaft von Razeteurs, nur mit einem kleinen Metallkamm bewaffnet, versucht, die Kokarde zwischen den Hörnern des Stiers zu erbeuten – ein uralter Sport, der schon auf antiken griechischen Vasen dargestellt ist.

Das Theater aus dem 1. Jahrhundert n. Chr. hat späteren Baumeistern als Steinbruch gedient, geblieben sind lediglich zwei graziöse Säulen, bekannt als »die beiden Witwen«. Trotzdem hat das Theater seinen Zauber bewahrt, und am Abend füllt es sich häufig; denn es bildet heute die Kulisse für Konzerte und Filmvorführungen sowie Veranstaltungen der jährlichen Rencontres Internationales de la Photographie.

Mancher Stein des Theaters endete in der Kirche von Saint-Trophime, dem Prunkstück des mittelalterlichen Arles und der provenzalischen Romanik. Einige der Altäre im Inneren sind Marmorsarkophage aus dem 4. Jahrhundert, die von den Alyscamps, der ehemaligen Nekropole, entwendet wurden. Der Kreuzgang ist einer der schönsten in ganz Frankreich, mit kunstvoll gearbeiteten Kapitellen, auf denen biblische Szenen und provenzalische Legenden dargestellt sind.

Die meisten Sarkophage von den Alyscamps sind im Laufe der Jahrhunderte geraubt worden, doch einige Prunkstücke sind noch im Musée Archéologique zu bewundern. Dort befinden sich auch eine Kolossalstatue von Kaiser Augustus und sehenswerte Modelle des Circus, des Amphitheaters, einer Wassermühle und der interessanten Schiffsbrücke, die über die Rhône führte.

Die heutige Place du Forum liegt nicht ganz genau an derselben Stelle wie das antike Forum, aber mit ihren Straßencafés ist sie noch heute wichtigster Treffpunkt in der Stadt. Auf einer Seite steht eine hübsche Statue von Frédéric Mistral, der sein ganzes Dichterleben dem Kampf für die provenzalische Sprache und

Frédéric Mistral (unten) begründete das Muséon Arlaten für provenzalische Volkskunst, in dem man Mobiliar, Trachten und Werkzeuge besichtigen kann.

Die Kirche Saint-Trophime verdankt ihren Namen dem ersten Bischof von Arles, von dem die Legende berichtet, er habe die heiligen Marien bei ihrer Landung an der Küste der Camargue aufgenommen. Berühmt ist vor allem das romanische Portal der Kirche (Detail oben).

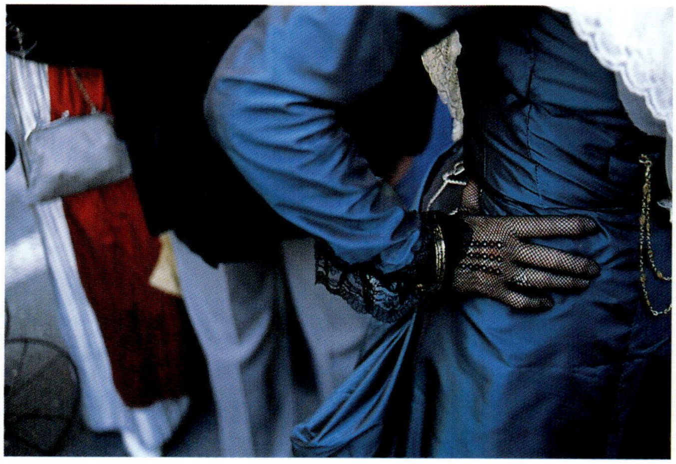

Die Arlesierinnen tragen so oft wie möglich ihre prächtigen Trachten: handbestickte Kragen, Spitzenkäppchen oder bunt mit Bändern oder Kordeln geschmückte Hauben, Samtschleifen um den Hals und den unverzichtbaren Fächer.

Langer Rock, Korsage mit engen Ärmeln bis zum Handgelenk, Tüllplastron und weiße Schultertücher aus Spitze – hier ist man stolz auf seine ruhmreiche Vergangenheit.

Eine weite, dem Meer abgerungene Ebene, einzigartige, wilde Landstriche, beherrscht von einer ungezügelten Natur – die Camargue enthüllt ihre Geheimnisse nur dem, der sie zu betrachten versteht.

Einmalig in Europa: Die Camargue bietet den idealen Lebensraum für Flamingos.

Identität widmete. Von dem Geld, das er 1904 mit dem Nobelpreis erhielt, gründete Mistral das Muséon Arlaten für provenzalische Volkskunst, dessen Besuch ein vergnüglicher Blick in die Vergangenheit ist, bis hin zu den knarrenden Holzfußböden und dem lächelnden Personal in traditionellen Trachten.

Wie so viele andere Orte in Arles erinnert die Place du Forum an van Gogh, der 1888/89 hier weilte und die Stadt und ihre Umgebung malte. Von der Atmosphäre der *Terrasse des Cafés an der Place du Forum* ist leider nichts geblieben. Heute residiert dort eine grellgelbe Touristenfalle, aber viele andere Orte, die van Gogh gemalt hat, haben ihren unvergleichlichen Zauber bewahrt. Man denke nur an *Les Alyscamps, Allee in Arles* oder die *Sternennacht über der Rhône.*

Für van Gogh war die Provence eine Offenbarung, und die Briefe an seinen Bruder Theo schildern immer wieder das ungewöhnliche Licht und die leuchtenden Farben, die er wiederzugeben suchte. »Unter dem blauen Himmel nehmen die orangefarbenen, gelben und roten Tupfen der Blumen eine erstaunliche Leuchtkraft an«, schrieb er, »und in der weichen Luft liegt etwas Heitereres und Lieblicheres als im Norden.« Im Süden von Arles bilden die Arme der Rhône ein mehr als tausend Quadratkilometer großes Delta, wo die Reis- und Weizenfelder einem von Salzpfannen durchsetzten Sumpfland weichen. Das Rhônedelta bietet

Die Pferde der Camargue sind widerstandsfähig, stämmig und schnell. Das Fell der Fohlen ist bei der Geburt dunkel und wird erst nach vier bis fünf Jahren weiß.

Schilf und Sümpfe gehören zur wilden Landschaft der Camargue. Die Salzwasserteiche bieten den idealen Lebensraum u. a. für Grau- und Purpurreiher.

Lebensraum für mehr als vierhundert Vogelarten, so für die einzigen Flamingos Europas, aber auch für Biber, Moschusratten, Füchse und Wildschweine. Hier ist die Heimat der halbwilden Pferde der Camargue, die ihr ganzes Leben unter freiem Himmel verbringen – eine uralte Rasse, kurzbeinig und stämmig und wesentlicher Bestandteil jeder Manade. Auf den Manades, den Bauernhöfen der Camargue, leben Stiere und Pferde und natürlich die Gardians mit ihren breitkrempigen Hüten und ihren dreizackigen Hirtenstäben.

Vincent van Gogh, Vincents Schlafzimmer in Arles, 1889, Öl auf Leinwand, Paris, Musée d'Orsay.

Für den Stierkampf, für die klassische Corrida und die Novillada, werden die schwarzen Stiere der Camargue mit ihren charakteristischen, lyraförmigen Hörnern gezogen; genauso für die Courses Camarguaises und die festlichen Abrivados, bei denen berittene Gardians bis zu sechs Stiere durch die Straßen treiben, während die Zuschauer mit allen Mitteln versuchen, die Pferde abzulenken, den Aufmarsch zu stören und wenigstens einem Stier zur Flucht zu verhelfen.

Die Gründung von Saintes-Maries-de-la-Mer, dem wichtigsten Ort der Camargue, ist der Stoff für eine der langlebigsten Legenden der Provence: Aus Judäa verbannt, in ein kleines Boot ohne Ruder und Segel ausgesetzt, wurden Maria Salome und Maria Jacobäa sowie ihre ägyptische Dienerin Sara zusammen

Typische Töpferware der Camargue in Saintes-Maries-de-la-Mer.

Warten vor Beginn der Prozession der Zigeuner in Saintes-Maries-de-la-Mer. Der traditionelle dreizackige Hirtenstab ist eines der ältesten Wahrzeichen der Gardians, die den Zug begleiten.

Die Gardians, jeweils in Begleitung einer schönen Arlesierin, bilden die berittene Ehrengarde während der Festlichkeiten zu der Fête de la Transhumance in Saint-Rémy-de-Provence.

Sara ist die Schutzheilige der Zigeuner. Während der jährlichen Prozession in Saintes-Maries-de-la-Mer wird ihre Statue zum Meer getragen.

Inbrunst, Ausgelassenheit und Musik bestimmen die Prozession der Saintes-Maries-de-la-Mer.

mit Lazarus, Martha, Maria Magdalena und Maximin an die Küste der Camargue gespült. Sie bauten eine kleine Kapelle, und während die anderen sich auf den Weg machten, um in der ganzen Provinz zu predigen, blieben die beiden Marien mit Sara zurück, um die Bevölkerung der Camargue zu bekehren. Im Laufe der Jahrhunderte wurde die Kapelle, die mitten im Ort steht, zu einer Wehrkirche ausgebaut.

Auf welche Weise die dunkelhäutige Sara zur Patronin der Sinti und Roma wurde, ist nicht bekannt, aber am 24. und 25. Mai begeben sich jedes Jahr Hunderte von Zigeunern auf die Pilgerfahrt nach Saintes-Maries. Dann werden die Statuen Saras und der beiden Marien aus der Kirche geholt und, eskortiert von berittenen Gardians, im Festzug durch die Straßen und für den Segen bis ins Meer hinein getragen.

Am westlichen Rand der Camargue gab es im Mittelalter einen weiteren Wallfahrtsort, die Abtei von Saint-Gilles. Die Kirche mit prachtvoller, romanischer Fassade ruht auf einer hallenartigen Krypta mit dem Grab des Heiligen.

Die Gardians, Farandolen, Ferrades und Arleser Trachten verleihen der Prozession Lokalkolorit.

Weiter im Süden taucht die mauerbewehrte Stadt Aigues-Mortes aus dem Nichts empor. Sie wurde von Ludwig dem Heiligen als Ausgangspunkt für den siebten Kreuzzug errichtet.

Die Alpilles erheben sich im Nordosten der Camargue wie eine schaumgekrönte

Les-Baux-de-Provence liegt hoch oben auf einem tafelbergähnlichen Felsen der Alpilles. Das hier vorkommende Sedimentgestein Bauxit, aus dem Aluminium gewonnen wird, verdankt der Stadt seinen Namen.

Die Kapelle Sainte-Croix auf dem Friedhof der Abtei Montmajour in der Nähe von Arles stammt aus dem 11. Jahrhundert.

Welle aus der dürren Ebene von La Crau, riesige, mit einzelnen Pinien bewachsene, sonst aber kahle Felsen, die durch den scharfen Wind und Menschenhand – auf der Suche nach Baumaterial – furchterregende Gestalt angenommen haben. Auf dem Rücken eines isolierten Plateaus ragen die majestätischen Ruinen von Les Baux stolz empor, eine tote Stadt, deren mittelalterliche Herren, wie Mistral schreibt, »ein Geschlecht von jungen Adlern und niemandem untertan waren«. Sie selbst führten sich auf Balthasar zurück, einen der Heiligen Drei Könige, und hatten den Stern von Bethlehem im Wappen, einen Kometen mit silbernem Strahlenschweif.

Ihre prachtvolle Zitadelle war Schauplatz der höfischen Minne, als im 13. Jahrhundert Troubadoure mit Dichtung und Gesang um die Gunst ihrer Damen warben und den Ruhm der provenzalischen Sprache in alle Welt trugen. Später lebte hier auch Raymond de Turenne, die »Geißel der Provence«, der sich daran delektierte, seine Gefangenen von den schwindelerregend hohen Klippen seines Adlerhorstes in den Tod springen zu lassen.

Im unteren Teil des Ortes sind Touristenläden und Cafés entstanden, und in den weiter oben gelegenen Steinhäusern erlischt nach und nach das Leben. »*Post tenebras lux*« steht auf einem Türsturz geschrieben, aber in der schmucklosen Kirche Saint-

Wo sich heute die hübsche Kapelle Saint-Sixte erhebt, stand einst ein heidnischer Tempel.

Die Kapelle Sainte-Croix bei der Abtei Montmajour.

Schafherde auf den Hügeln von Saint-Rémy-de-Provence. Nach der von unzähligen kulinarischen Erfrischungen unterbrochenen Prozession treiben die Hirten die Schafe zum Weiden in die Berge.

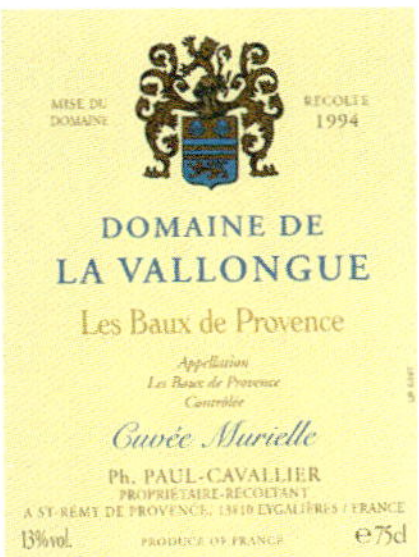

Vincent fällt nur auf eine einfache hölzerne Madonna etwas Licht. In einer aus dem Felsen herausgeschlagenen Seitenkapelle entdeckt man ein kleines hölzernes Boot mit zwei stehenden Frauengestalten – die Saintes-Maries-de-la-Mer. Vom oberen Teil der »Adlerstadt« blieb nicht mehr als ein riesiges Trümmerfeld, kahl und verfallen, mit Treppen und Türen, die nirgendwo hinführen. Eingestürzte Mauern eines Hospitals, Ruinen einer Kapelle, Läden, eine Mühle – denn im Jahr 1632 ließ Richelieu die rebellische Stadt schleifen.

Unterhalb der Felsen von Les Baux liegt der friedliche Vallon de Fontaine mit seinen Luxushotels und der schreckenerregende, finstere Val d'Enfer, das Höllental. Es wird behauptet, daß Dante vom Val d'Enfer zu seinem *Inferno* inspiriert wurde. Und weiter unten, im Labyrinth der Feenhöhle, soll die legendäre goldene Ziege hausen. Dort hütet sie einen Schatz von Gold und Edelsteinen, der von einem schwarzen Fürsten versteckt wurde, als er im Kampf um Les Baux besiegt wurde.

Saint-Rémy-de-Provence, eine verschlafene, typisch provenzalische Stadt, die von einer platanenbestandenen Ringstraße eingefaßt ist, wurde in den neunziger Jahren von der internationalen Schickeria auf der Suche nach Ursprünglichkeit entdeckt. Der Hauptplatz mit bescheidenem Rathaus

Die Porte de l'Horloge, Überbleibsel der alten Stadtbefestigung von Salon-de-Provence.

und Sonntagsmarkt hat sich noch nicht verändert, aber an den großen Boulevards tummelt sich das gewohnte Tourismusangebot. Doch es gibt auch positive Aspekte: Im neu eröffneten »Le Petit Duc« am Boulevard Victor Hugo verkauft Anne Daguin knusprige Plätzchen, die sie nach alten Rezepten selbst bäckt, so Nostradamus' Pignolats (mit Pinienkernen, Rosenwasser und Fenchel) oder »Les oreilles de la bonne déesse« (Die Ohren der guten Göttin) nach einem römischen Rezept (Mandeln, Walnüsse, Olivenöl, Rotwein, Kümmel, Honig und Pfeffer) und die Pastilles d'amour, aphrodisisches Schokoladenkonfekt mit Pflanzenmischungen je nach erwünschter Wirkung.

Die traditionellen provenzalischen Körbe.

Die Vielseitigkeit von Saint-Rémy zeigt sich am besten in den Festen der Stadt: La Fête de la Transhumance Ende Mai, wenn mehrere tausend Schafe mit ihren Schäfern auf dem Weg in die Berge mit Glocken um den Hals über die Ringstraße ziehen. Am 14. Juli, am 15. August und am letzten Sonntag im September finden die wilden Abrivados statt, bei denen es passieren kann, daß ein Stier nicht einmal vor dem Schaufenster eines Porzellanladens haltmacht.

Die Straßennamen sind auf Französisch oder auf Provenzalisch angegeben. Dieselbe Tradition lebt auch in den alten Geschäftsschildern fort.

Van Gogh fand gegen Ende seines Lebens ein Jahr im Irrenhaus Saint-Paul-de-Mausole Zuflucht, wo er Gärten und Zypressen malte, die umliegenden Getreidefelder und den traumhaften Sternenhimmel. In den Gebäuden des ehemaligen Klosters Saint-Paul ist noch heute eine psychiatrische Klinik untergebracht, so daß man nur die romanische Kirche und den Kreuzgang besichtigen kann. In unmittelbarer Umgebung von Saint-Rémy liegen die römischen Ausgrabungen von Glanum, die 1921 unter einem Olivenhain zum Vorschein kamen. Neben der Straße erheben sich die soge-

Eingang zum Musée des Alpilles in Saint-Rémy-de-Provence.

Saint-Rémy-de-Provence hat sich, obgleich heute sehr in Mode, seinen Charme und seine provenzalische Note bewahrt.

Oben: In Saint-Rémy, der Geburtstadt von Nostradamus, trägt ein Brunnen seinen Namen. Links: In der Nähe der Stadt liegen die römischen Ruinen von Glanum: Das Julierdenkmal ist ein römisches Mausoleum, errichtet nach griechischem Vorbild.

Glanum: Überreste eines antiken Tempels.

nannten Antiques mit einem Monumentaltor, entstanden um die Zeitenwende, und dem hoch aufragenden Juliermonument. Es gibt Legenden, nach denen die goldene Ziege hier lebte. Nostradamus jedoch sagte, daß sie sich in Saint-Paul-de-Mausole verborgen halte.

Darstellung von Gefangenen auf dem Monumentaltor von Glanum.

Von Saint-Rémy lohnt sich ein Abstecher zu den anderen Orten der Alpilles, einer malerischer als der andere… Mistral hat sein Leben lang in dem kleinen friedlichen Maillane gelebt, wo sein Haus nach seinem Tod ohne große Veränderungen in ein Museum umgewandelt wurde. Das Haus von Nostradamus in Salon-de-Provence beherbergt inzwischen ein Wachsmuseum.

Fontvieille verdankt seine Berühmtheit einer kleinen Windmühle, die mit Daudets *Briefe aus meiner Mühle* in die Weltliteratur einging. Daudet hat zwar nie hier gelebt und seine *Briefe* in Paris geschrieben, aber der Blick von dem Hügel entspricht der Phantasiewelt des Dichters.

Eine der komischsten Gestalten Daudets ist Tartarin aus Tarascon, ein naiver und großsprecherischer Angeber, der zu guter Letzt selbst an seine prahlerischen Lügengeschichten glaubt. Zur Rechtfertigung der Provenzalen unterscheidet Daudet zwischen »alltäglicher Wahrheit und Sonntagswahrheit«, zwischen Lüge und provenzalischem »Wunder«. »In Frankreich«, so schreibt er, »stammt jeder ein wenig aus Tarascon.«

Durch den Grand Arc Municipal, das älteste römische Monumentaltor der Provence, betrat man einst die Stadt.

Oben: Die Gewürze passen hervorragend zur Farbenpracht und den intensiven Aromen der Provence.
Links: Basilikum – groß- oder kleinblättrig, grün oder violett – ist eines der wichtigsten Kräuter der provenzalischen Küche.

Anchoïade

Für 6 Personen
25 g gesalzene Anchovis,
250 ml Olivenöl,
3 Knoblauchzehen, 2 EL Essig

Anchovis sorgfältig abspülen. Mit Olivenöl und gehacktem Knoblauch in einen Topf geben und bei milder Hitze erwärmen. Die Anchovis gut mit einer Gabel zerdrücken und nach einigen Minuten den Essig zugeben. Weiter erhitzen, bis die Anchovis zergehen. Nicht kochen! Die Paste zu rohem Gemüse reichen.

Barbouillade de fèves

Für 6 Personen
2 kg frische Saubohnen,
200 g kleine weiße Zwiebeln, 1 Kopfsalat,
3 Artischocken,
1 Zitrone, 200 g magerer Speck, 2–3 EL Olivenöl,
1 Zwiebel,
1 Prise Zucker, 1 Zweig Thymian, 1 Lorbeerblatt,
1 Stange Sellerie, Wasser, Pfeffer, Salz, 30 g Butter

Saubohnen enthülsen und schälen. Kleine weiße Zwiebeln schälen. Kopfsalat waschen. Die Artischockenböden auslösen, mit einer halbierten Zitrone abreiben und in sechs Teile schneiden. Speck würfeln und mit Olivenöl anbraten. Sobald er Farbe annimmt, die in dünne Scheiben geschnittene Zwiebel, die kleinen weißen Zwiebeln, die Artischockenböden, Zucker, Thymian, Lorbeerblatt und Sellerie zugeben und 1/2 l Wasser angießen. Bei mittlerer Hitze 10 Minuten kochen lassen. Pfeffern und abschmecken. Saubohnen und Salatblätter zugeben und bei milder Hitze 5 bis 10 Minuten köcheln lassen.
Mit zwei Stückchen Butter als Vorspeise oder Beilage servieren.

Les Tellines de Saintes-Maries-de-la-Mer

Die Tellines sind kleine Muscheln, die im Sand leben. Sie kommen vor allem in der Gegend von Saintes-Maries-de-la-Mer vor.

Für 6 Personen
2 kg Tellines,
3 EL Olivenöl,
3 Knoblauchzehen,
100 ml Weißwein, Pfeffer, Petersilie,
2 EL Aïoli (Rezept S. 123)

Die Tellines 3 Stunden an einem kühlen Ort in Salzwasser ziehen lassen, damit der Sand ausgeschwemmt wird. Olivenöl und gehackten Knoblauch in einer großen Pfanne erhitzen, ohne daß das Öl verbrennt. Tellines zugeben und gut umrühren. Pfeffern. Weißwein angießen und bei geschlossenem Deckel 2 Minuten ziehen lassen, bis die Muscheln geöffnet sind. Einige Eßlöffel Kochsud abnehmen und in einem Schälchen mit 2 Eßlöffel Aïoli verrühren. Die Mischung zusammen mit der gehackten Petersilie in die Pfanne geben. Die Tellines dürfen nicht mehr kochen. Sofort mit Salzkartoffeln servieren.

La Tarte aux herbes et aux pignons de pin

Für 6 Personen
1 kg Mangold- oder Spinatblätter, Salz, 150 g Mehl,
50 g Butter, 100 ml Olivenöl,
3 EL Wasser, 500 g Hülsenfrüchte, 100 g Crème fraîche,
100 g geriebener Gruyère,
2 Eier, 100 g Pinienkerne,
schwarze Oliven

Die Blätter waschen, 5 Minuten in kochendem Salzwasser blanchieren und gut ausdrücken. Mehl, Salz, Butter, Olivenöl und Wasser schnell mit der Hand zu einem Teig verkneten, bis er geschmeidig ist. Eine gefettete Tarteform mit dem Teig auslegen und mit der Gabel einstechen. Hülsenfrüchte auf den Teig geben, mit Alufolie abdecken und 20 Minuten im vorgeheizten Backofen bei 180 Grad backen. Hülsenfrüchte und Alufolie entfernen und Spinat oder Mangold auf dem blindgebackenen Boden verteilen. Crème fraîche, geriebenen Käse und zwei Eigelb mit einer Gabel verschlagen und die Mischung über das Gemüse gießen. Mit Pinienkernen bestreuen und mit schwarzen Oliven verzieren. Etwa 20 Minuten im Ofen backen, bis die Pinienkerne goldgelb sind.

Daube de toro à la camarguaise

Achtung: Zur Vorbereitung des Gerichts benötigt man 3 Tage.

Für 6 Personen

2 Flaschen tanninhaltiger provenzalischer Rotwein,
3 Zwiebeln,
5 Knoblauchzehen,
3 Karotten,
1 Sträußchen Petersilie, Thymian und Lorbeerblatt,
zerstoßener Pfeffer,
grobes Salz,
1 Prise geriebene Muskatnuß,
4 zerdrückte Wacholderbeeren,
1 Stückchen Orangenschale,
4 Gewürznelken,
3 Selleriestangen,
2,5 kg Ochsenfleisch (Bäckchen, Ober- oder Unterschale und Schwanz),
50 g Schweineschmalz,
200 g Speckschwarte,
200 g mageren Speck,
100 g Mehl,
1/2 Glas Wasser

Die violetten Artischocken aus der Provence schmecken roh, nur mit etwas Olivenöl beträufelt, köstlich.

Aus Wein, gewürfelten Zwiebeln und Karotten, geschältem Knoblauch, dem Gewürzstrauß, Pfeffer, Salz, Muskat, Wacholderbeeren, Orangenschale, Gewürznelken und kleingeschnittenem Stangensellerie eine Beize rühren und das Fleisch in einer lasierten Tonform darin eine Nacht lang marinieren.
Fleisch herausheben, abtropfen lassen, Marinade beiseite stellen. In einem großen Topf in dem Schweineschmalz Speckwürfel und Speckschwarte auslassen und das Fleisch darin anbraten. Karotten, Zwiebeln und Knoblauch aus der Marinade hinzufügen. Sobald das Fleisch gut angebraten ist, den Wein der Marinade angießen, aufkochen und abschäumen.
Den Deckel mit einem Brot-Wasser-Teig luftdicht verschließen und das Fleisch bei milder Hitze 4 bis 6 Stunden köcheln lassen.
Am nächsten Tag das erstarrte Fett abschöpfen und 1/2 Stunde erhitzen.
Mit der in der Provence traditionellen Beilage, der Macarounade (Mischung aus dicken Nudeln, z. B. Makkaroni, Rigatoni, Penne, Fusilli), oder mit Salzkartoffeln servieren.

Soupe de melon

Ein wunderbar einfaches Dessert.

Für 6 Personen

3 schöne, reife und duftende Melonen,
100 ml Wasser,
100 ml Weißwein,
3 Zweige frische Minze,
4 TL Lavendelhonig,
1 Stange Vanille

Melonen halbieren, Kerne entfernen und schälen. Kerne und Schale in einem Topf beiseite stellen, Fruchtfleisch kalt stellen. Wasser und Weißwein zu Schalen und Kernen gießen, Minzezweige, Lavendelhonig und die halbierte Vanillestange hinzufügen.
Erhitzen und 15 Minuten ziehen lassen. Durchseihen und kalt stellen. Sobald die Flüssigkeit gut gekühlt ist, die in Stücke geschnittene Melone beigeben, mit Minzeblättern dekorieren und servieren.

Beignets de fleur d'acacia

Für 18 Stück

1/2 Glas lauwarmes Wasser oder lauwarme Milch,
1 Prise Salz,
125 g Mehl,
2 Eier,
Öl zum Ausbacken,
18 sehr frische Akazienblüten,
Zucker

Für den Teig lauwarme Milch, Salz, Mehl und Eigelb glatt verrühren und 1 Stunde ruhen lassen.
Eiweiß steif schlagen und vorsichtig unter den Teig heben.
Das Öl erhitzen.
Die Akazienblüten in den Teig tauchen und in heißem Öl ausbacken. Mit einer Schaumkelle wenden.
Sind die Beignets von beiden Seiten goldgelb, auf Küchenkrepp abtropfen lassen, mit Zucker bestreuen und lauwarm servieren.
Manchmal findet man die Akazienblüten auch in Trauben. In diesem Fall wird die gesamte Traube in den Ausbackteig getaucht.
Nach demselben Rezept kann man Beignets aus Holunderblüten oder frischem Eisenkraut herstellen.

Strahlend gelb wie das Licht der Provence und köstlich frisch: Melone (oben) und Zucchiniblüten (rechts). Sie werden vorzugsweise fritiert serviert.

21 MAI - 1er NOVEMBRE 99
primitive passion

AVIGNON
UND UMGEBUNG

S. 36/37: Verbliebener Teil des Pont d'Avignon in der Rhône.

Linke Seite: Die imposante Fassade des Papstpalasts, halb mittelalterliche Festung, halb Gotteshaus.

Avignon, im Mittelalter Sitz der Päpste, ist mit einer sieben Kilometer langen Stadtmauer aus dem 14. Jahrhundert und zweiundneunzig zinnengekrönten Türmen befestigt. Wahrlich ein verblüffender Anblick und ein wunderbarer Anachronismus – eine blühende, moderne Stadt mit annähernd 200 000 Einwohnern, die entschlossen dem 21. Jahrhundert zustrebt und noch immer mit Stolz ihre mittelalterliche Rüstung trägt.

Avignon mit seinem Gewirr aus Gassen und Straßen, die von der Place de l'Horloge aus zu einer erstaunlichen Fülle von Museen, Denkmälern, Hotels, Kirchen, Restaurants und Cafés führen, ist eine Stadt für Fußgänger. Zum Start bietet sich der Spaziergang hinauf zu den Gärten des Rocher des Doms an, des Felsmassivs, das das Rückgrat der Stadt bildet. Von dort aus hat man einen Rundblick, der über die Rhône mit der berühmten Brücke hinweg bis zu den Alpilles und nach Osten bis zum Mont Ventoux reicht. Schon in prähistorischer Zeit war der Felsen offensichtlich bewohnt, und in der Nähe des Flusses fand sich eine phönizische Inschrift zu Ehren der »Großen Herrin« – vermutlich der Muttergöttin Bona Dea –, die darauf schließen läßt, daß seinerzeit phönizische Händler durch das Gebiet zogen. Sicher ist, daß in keltischer Zeit die Kavarer die Stadt *Aouenion* oder *Avenio* gegründet haben. Der keltischen bzw. ligurischen Etymologie folgend bedeutet der Name soviel wie »Stadt der heftigen Winde« oder »Beherrscher des Flusses«.

Beim Pétanque, der provenzalischen Boule-Variante, spielt ein Spieler die Zielkugel an, während ein anderer versucht, die des Mitspielers zu treffen.

Von Avignons römischem Erbe ist fast nichts mehr zu sehen. Doch die Place de l'Horloge, das einstige Forum, ist noch heute das Herz der Stadt, mit vielen, von Platanen beschatteten Restaurants und Caféterrassen: ideal, um den Tag mit einem Kaffee zu beginnen oder sich gegen Abend zu einem Pastis niederzulassen und die Welt vorübergehen zu sehen, begleitet von den Drehorgel-

Avignon ist für seine Küche berühmt, die man in Dutzenden kleiner Bistros kosten kann.

Die Treppe Sainte-Anne führt zum Rocher des Doms mit dem bezaubernden Garten des Papstpalasts.

Das alte Steinpflaster des Pont Saint-Bénézet.

klängen eines altmodischen, vergoldeten Karussells. Sie sollten hier jedoch nicht zu Abend essen. Avignon hat viele gute Restaurants an anderen Stellen, in den ehemaligen Kardinalspalästen, in der Altstadt rund um den Papstpalast, in den Renaissancepalais; denn in Avignon gehen Geschichte und gutes Essen Hand in Hand, wie so oft in der Provence.

Im frühen 12. Jahrhundert unterstand ein großer Teil von Südfrankreich der Herrschaft der Grafen von Toulouse. Die Grafen pflegten an ihren Höfen die ritterliche Minne, aber sie sympathisierten auch mit den Albigensern, einer ketzerischen Sekte der Katharer, die durch zwei grausame Kreuzzüge ausgelöscht wurden. In der Folge war das Haus Toulouse gezwungen, seine Gebiete in der Provence aufzugeben. Das sogenannte Comtat Venaissin östlich der Rhône wurde dem Papst überlassen, und die Gebiete westlich des Flusses gingen an Frankreich.

Avignon hatte sich die rivalisierenden Fürstenhäuser so geschickt vom Halse gehalten, daß es zu einem fast unabhängigen Stadtstaat geworden war, aber seine Sympathie für die Katharer brachte auch ihm königliche Repressalien ein. 1226 nahm Ludwig VIII. die Stadt in Besitz, und bald darauf fiel sie an das Haus Anjou, und zwar an Karl I., den Bruder Ludwigs des Heiligen.

Einer Legende zufolge hat der letzte Gegenpapst Benedikt XIII. vor seiner Flucht im Papstpalast goldene Statuen versteckt.

Vor dem Papstpalast wird provenzalisches Kunsthandwerk verkauft.

Auf der Flucht vor der politischen Unsicherheit Roms zog sich der französische Papst Clemens V. 1309 in das Comtat Venaissin zurück. Sein Nachfolger, Johannes XXII., der vorher Erzbischof von Avignon gewesen war, entschied sich, in seiner alten Bischofsresidenz zu bleiben. Ihm folgte der Zisterziensermönch Benedikt XII., der mit dem Bau eines neuen schmucklosen Papstpalasts begann, dem Palais Vieux. Sein Nachfolger, der verschwenderische Clemens VI., kaufte Avignon für 80000 Gulden von der Königin Johanna von Anjou und baute den Papstpalast zu einem monumentalen Komplex aus.

Während des Festivals von Avignon verwandelt sich der Place du Palais in eine Theaterbühne.

Alles in allem regierten in der Zeit von 1309 bis 1376 sieben französische Päpste von Avignon aus die westliche Christenheit, und ihre Hofhaltung war ebenso prunkvoll wie die von Kaisern und Königen. In den prächtigen Hallen des päpstlichen Palastes drängten sich Kardinäle, Fürsten, Pilger und Prälaten, Künstler, Dichter, Musiker, Kaufleute, Rechtsgelehrte und zwielichtige Gestalten. Die Kardinäle errichteten in Avignon ihre eigenen Paläste, Livrées genannt, weil der Baugrund von seinen ursprünglichen Besitzern »befreit« worden war. Die Stadt blühte, und mit ihr Korruption, Ämterschacher und Verbrechen.

Kritiker sprachen von der »zweiten babylonischen Gefangenschaft«. Der Dichter Petrarca, auch er ein Flüchtling aus Italien, begegnete hier, am 6. April 1327, seiner geliebten Laura. Dennoch beschimpfte er die Stadt als »Kloake, in der der gesamte Unrat des Universums zusammenströmt. Die Leute verspotten Gott, sie beten das Geld an und treten die Gesetze mit Füßen, sowohl die irdischen als auch die göttlichen. Alles atmet Lügen, die Luft, die Erde, die Häuser und ganz besonders die Schlafzimmer.«

Nachdem Papst Gregor XI. im Jahr 1376 nach Rom zurückgekehrt war, saßen bis 1417 noch zwei Gegenpäpste in Avignon. Danach blieb Avignon bis zur Franzö-

Die Tour de l'Horloge (14.–15. Jahrhundert), Überbleibsel des gotischen Rathauses, krönt ein hübsches Glockenwerk.

Das Festival von Avignon ist eines der größten Theaterfestivals von Europa, das offizielle Programm wird von Dutzenden von »off«-Darbietungen ergänzt.

Während des Festivals bietet ein »caresseur publique«, ein öffentlicher Streichler, seine Dienste an.

sischen Revolution päpstliches Territorium. Die Revolutionäre von 1791 hielten vom Papstpalast nicht viel mehr als Petrarca. Sie beschimpften ihn offiziell als »Bastille des Südens… den Schrecken aller Patrioten«. 1794 wurde der Befehl gegeben, die Befestigungsanlagen und den Palast zu schleifen, aber das Geld war knapp, und so wurde das monumentale Gebäude schließlich als Kaserne verwendet.

Für Avignons berühmtes Theaterfestival könnte man sich keine grandiosere Kulisse erträumen als den Papstpalast: teils Festung, teils Château, teils Kathedrale. Auch ohne die luxuriöse Einrichtung und die wunderbaren Gobelins vermitteln die riesigen gotischen Hallen mit gigantischen Kaminen, die Schatzkammer mit versteckten Schreinen unter dem Steinboden und die Küchen mit den hoch aufragenden Rauchfängen einen guten Eindruck von der Pracht, die hier einst herrschte.

Die Soldaten haben seinerzeit viele der großartigen Fresken abgelöst und stückweise an Sammler verkauft, aber selbst die Reste sind wunderbar. Die Kapelle des Palais Vieux ist mit Szenen aus dem Leben des heiligen Martial ausgemalt, alle vor dem Hintergrund eines leuchtend saphirblauen, gestirnten Himmels.

Clemens VI., »der Prächtige«, zog sich mit Vorliebe in das mit Jagd- und Fischereiszenen geschmückte »Hirschzimmer« zurück, »um vergessen zu können, daß ich Papst bin«.

Auf der anderen Seite der Place du Palais,

Ein Trompe-l'œil-Fenster, das den Schauspieler Gérard Philipe zeigt, erinnert daran, daß in der Provence viele Filme gedreht werden.

Avignon vom anderen Rhôneufer aus betrachtet: Am eindrucksvollsten sind die Stadtmauern, die Türme des Papstpalasts und die Kathedrale Notre-Dame-des-Doms bei Sonnenuntergang.

Das Dorf Châteauneuf-du-Pape gab einem der bedeutendsten Weine des Rhônetals seinen Namen.

die der Papst auf einem weißen Maultier überquerte, liegt der Petit Palais, das heute eine bemerkenswerte Sammlung französischer und italienischer Meister aus dem 14. bis 16. Jahrhundert birgt. Das Musée Calvet verdankt seine Anfänge dem Kuriositätenkabinett des Doktor Esprit Calvet und wurde durch Gemälde aus dem 19. und 20. Jahrhundert ergänzt.

Die Fondation Angladon-Dubrujeaud zeigt die Sammlung des Couturiers Jacques Doucet, eine eklektische Mischung aus französischen Möbeln, chinesischem Porzellan und Gemälden französischer Künstler des 19. und 20. Jahrhunderts, aber auch van Goghs *Eisenbahnwagen*, das einzige seiner Werke, das in der Provence geblieben ist. Im Musée Lapidaire ist neben gallo-römischen Statuen eine keltische Tiersammlung zu bewundern.

Die kopfsteingepflasterte Rue des Teinturiers, eine Oase der Ruhe entlang der Sorgue, war einst das Zentrum des Tuchhandels, und im Fluß drehen sich noch immer alte Mühlräder, während Bouquinistes ihre Waren auf Tischen unter den Platanen ausbreiten. Der alleinstehende Glockenturm gehörte ehemals zum Franziskanerkloster, wo Petrarcas Laura begraben sein soll, und unter den schönen Hôtels aus dem 17. und 18. Jahrhundert in der Rue du Roi René

Die Tour Philippe-le-Bel beschützte Villeneuve-lès-Avignon vor ungeliebten Besuchern, die über den Pont Saint-Bénézet kamen.

befindet sich auch das Palais des gütigen Königs selbst.

Was auch immer in dem Lied behauptet wird, man hat vermutlich nicht »sur le pont« getanzt, sondern auf der kleinen Insel unterhalb des berühmten Pont Saint-Bénézet. Die Brücke wurde im 17. Jahrhundert von Überschwemmungen mitgerissen. Nur die Hälfte mit der kleinen Kapelle blieb stehen. Angeblich wollten weder der König noch der Papst für die Reparaturkosten aufkommen. Nach provenzalischer Überlieferung hörte im Jahr 1177 ein Hirtenjunge namens Bénézet Stimmen, die ihm befahlen, eine Brücke zu bauen, und ein Engel führte ihn zu dem dafür ausersehenen Ort. Niemand glaubte ihm, und der Bürgermeister der Stadt forderte den Knaben auf, einen riesigen Felsbrocken vor seinem Palast in den Fluß zu befördern. Die ganze Stadt war auf den Beinen und verfolgte, wie der Knabe den riesigen Stein wie selbstverständlich aufhob und zum Flußufer trug. Die verblüffte Menschenmenge spendete Geld, Freiwillige halfen mit, und die Brücke von Avignon wurde gebaut.

Bevor er zur Hälfte fortgespült wurde, verband der Pont d'Avignon die Papststadt mit Villeneuve-lès-Avignon, der Stadt der Kardinäle. Die »Neustadt« wurde von Philipp dem Schönen begründet, als er die provenzalischen Besitzungen der Grafen von Toulouse übernahm. Er baute einen Turm, um seine Seite der Brücke zu schützen – der Blick auf Avignon vom obersten Stockwerk aus ist atemberaubend –, und seine Nachfolger Johann der Gute und Karl V. folgten seinem Beispiel mit dem Fort Saint-André, einer Festung, die dazu gedacht war, ein wachsames Auge auf die Ereignisse auf der anderen Seite des Flusses zu haben.

Das Fort Saint-André und die wundervollen Gärten seiner Abtei laden den Spaziergänger zur Meditation ein.

In jener Zeit griff das Leben der Papststadt an der Rhône nach und nach auf das andere Flußufer über. Viele der Kar-

Der Weinkeller des Château de la Nerthe in Châteauneuf-du-Pape.

Die Beschaffenheit des grobsteinigen Bodens spielt eine wesentliche Rolle für das Reifen der Weinreben: Die Steine geben die Hitze, die sie tagsüber gespeichert haben, nachts ab.

dinäle, die den päpstlichen Hof umschwärmten, konnten in Avignon keine ihnen genehme Behausung finden. So kamen sie hinüber nach Villeneuve, um dort ihre extravaganten Livrées zu errichten.

Einer der Kardinäle aus Villeneuve wurde als Innozenz VI. zum Papst gewählt, aber erst, nachdem er das Amt des Oberhaupts des Kartäuserordens abgelegt hatte. Zur Erinnerung an diese Demütigung errichtete Innozenz auf den Fundamenten seiner eigenen Livrée das Kloster Val de Bénédiction mit drei Kreuzgängen und Fresken von Matteo Giovannetti, der auch an der Ausgestaltung des Papstpalasts mitgewirkt hatte. Die meisten Mönchszellen werden heute von den Autoren des französischen Verbands der Bühnenschriftsteller genutzt.

Die Ruinen des päpstlichen Sommerpalasts in Châteauneuf-du-Pape erheben sich aus den steinigen Weingärten östlich der Rhône. Das »neue Schloß« brannte während der Religionskriege nieder, aber von dem stehengebliebenen Turm hat man einen märchenhaften Blick auf Avignon, den Mont Ventoux, die Alpilles, das Lubéron und das Vaucluse.

In den Winzerbetrieben werden bis zu dreizehn verschiedene Rebsorten verschnitten, um die kräftigen, vollen Châteauneuf-du-Pape-Weine herzustellen, nicht nur die berühmten Rotweine, sondern auch

Die großen Rotweine von Châteauneuf-du-Pape haben Weltklasse. Doch auch die Weißweine, wenngleich weniger bekannt, sind einen Umweg wert.

wunderbare Weißweine, die man vor Ort probieren sollte.
Ludwig XIV. nannte sie »die schönste Wand des ganzen Königreiches«, die über 100 Meter lange und 36 Meter hohe Wand des römischen Theaters in Orange, das besterhaltene Theater der römischen Antike. Es wurde unter Kaiser Augustus erbaut, und noch heute profitieren bei Konzerten und beim alljährlichen Musikfestival der Stadt acht- bis neuntausend Zuschauer von der hervorragenden Akustik des Theaters. Nur ein Bruchteil des ursprünglichen, wunderbar gearbeiteten Wandschmucks ist noch erhalten; doch eine Kolossalstatue von Augustus aus weißem Marmor steht noch heute triumphierend in ihrer Nische über der Bühnenmitte.

Impressionen aus Orange.

Der römische Triumphbogen in Orange, der zu Ehren der Soldaten der 2. Legion errichtet wurde, ist ebenfalls ein beispielhaftes Bauwerk seiner Art. Er steht auf der Via Agrippa, die von Lyon nach Arles führt, und ist mit kunstvoll gearbeiteten Schlachtenszenen, Schiffen, Blumen und Früchten geschmückt. Weniger spektakulär, aber ebenso bedeutend sind die Fragmente dreier römischer Katastersteine im städtischen Museum.

Eine Sonderrolle fiel Orange jedoch als Grafschaft zu, die angeblich von einem Guillaume au Court begründet wurde. Dieser soll ein Neffe Karl des Großen gewesen sein. Jedenfalls kam die später zum Fürstentum erhobene Grafschaft über verschiedene Adelshäuser schließlich an Holland und später sogar an England, das sie 1702 dem preußischen König vermachte. Von diesem wurde Orange dann 1703 an Frankreich abgetreten. So erklärt sich auch, daß es 1673 nach dem holländischen Krieg vom französischen König Ludwig XIV. zerstört wurde. Große Unbill brachte der Stadt auch ihr Status als Hochburg der Reformation ein.

Oben: Die Fassade der Kirche Saint-André. Unten: Der große Triumphbogen von Orange mit seinem antiken Theater ist eines der weltweit besterhaltenen Bauwerke der Römerzeit.

Zu Gast in Orange: Jean-Baptiste Poquelin, genannt Molière (1622 – 1673), französischer Dramatiker und Schauspieler.

Die Trüffeln der Provence sollte man möglichst unverfälscht genießen, zum Beispiel mit einem Rührei.

Brouillade aux truffes

Zwar spricht man meist von Trüffeln aus dem Périgord, doch tatsächlich kommen sie auch im Vaucluse, Var, Gard und den Alpes Maritimes vor.

Pro Person
2 Eier,
Butter,
Salz,
Pfeffer,
20–30 g Trüffeln,
1 große Scheibe
Röstbrot

Das Rührei wird in einer weiten, nicht allzu hohen Stahlschüssel im Wasserbad zubereitet.
Die Eier dürfen nicht zu hart werden.
Salzen und pfeffern und auf einem Teller anrichten.
Die schwarzen Trüffeln mit der Bürste reinigen und in feinen Streifen auf das Rührei raspeln.
Mit Röstbrot servieren.

Einen jungen Hasen erkennt man am Glanz seines Fells, an zarten Läufen und an den schwach entwickelten Krallen.

Tian d'aubergines

Für 6 Personen
Je 700 g Tomaten,
Gemüsezwiebeln und
Auberginen,
100 ml Olivenöl,
6 Knoblauchzehen,
5 Thymianzweige,
1 reichliche
Prise Salz aus der
Camargue,
gemahlener Pfeffer,
50 g geriebener Gruyère

Gemüse waschen und in 1/2 cm dicke Scheiben schneiden. Feuerfeste Form mit Öl ausstreichen, das Gemüse in senkrechten Reihen abwechselnd dicht an dicht einfüllen.
Knoblauchzehen pellen und zwischen das Gemüse schieben. Mit Olivenöl beträufeln und Thymianblättchen darüberstreuen, dann mit Salz und Pfeffer aus der Mühle würzen und 20 Minuten in den auf 180 Grad vorgeheizten Backofen schieben.
Herausnehmen, die ausgetretene Flüssigkeit abgießen, mit dem geriebenen Gruyère bestreuen und noch einmal für 10 Minuten in den Ofen schieben.
Heiß oder lauwarm servieren.

Rillettes de lapin

Für 6 Personen
12 Kaninchenvorderläufe
oder 1 mittelgroßes
Kaninchen (ca. 1 kg),
Salz,
weißer Pfeffer aus
der Mühle,
1 Lorbeerblatt,
1 Zweig frischer Thymian,
1 Prise Bohnenkraut,
1 Prise Salbei,
1 Prise geriebene Muskatnuß,
1 kg Gänseschmalz,
Cornichons,
Röstbrot

Die Kaninchenstücke in eine Terrine setzen, salzen und pfeffern. Kräuter und Gewürze zufügen und gut vermischen.
3 Stunden beizen.
Bei mittlerer Hitze in einer großen Kasserolle 2 Eßlöffel Gänseschmalz erhitzen, Kräuter von den Kaninchenteilen abstreifen. Kaninchenteile in der Kasserolle anbraten und das restliche Gänseschmalz hinzufügen. Bei geschlossenem Deckel 2 Stunden bei milder Hitze köcheln lassen.
Die Stücke aus dem Fett heben, das Fleisch vom Knochen lösen und zerfasern.
Die Fleischfasern in eine Terrine schichten und so viel Gänsefett aufgießen, daß sie 1 cm bedeckt sind. Bis zum Servieren kühl stellen.
Dazu reicht man Cornichons oder in Essig eingelegte Kirschen (Rezept S. 89) und Röstbrot.
Die Terrine hält sich im Kühlschrank 1 Woche.

Lièvre au Châteauneuf-du-Pape

Für 6 Personen
1 Hase, Salz, frisch gemahlener Pfeffer, 10 Thymianzweige, 1 Lorbeerblatt, 2 dicke Zwiebeln, Olivenöl, 2 EL Marc de Provence, 1 l guter roter Châteauneuf-du-Pape (oder Côtes du Rhône, z.B. Cornas), 50 g Butter, 250 g Bauchspeck, 24 kleine Zwiebeln, 2 Karotten, 45 g Mehl, 2 Knoblauchzehen, 1 Kräutersträußchen aus Petersilie, Thymian und Lorbeer, 12 kleine, in Butter geröstete Croûtons

Hasen abziehen und ausnehmen. Das Blut, das sich in der Kehle und um die Lunge herum angesammelt hat, auffangen und beiseite stellen. Leber parieren und beiseite stellen. Den Hasen in Stücke zerteilen und in eine Schüssel legen. Mit Salz, frisch gemahlenem Pfeffer, Thymianzweigen und zerstoßenem Lorbeerblatt bestreuen.
Eine in feine Scheiben geschnittene Zwiebel zugeben, mit einer Mischung aus zwei Eßlöffeln Olivenöl und einem Eßlöffel Marc de Provence beträufeln und den Rotwein darübergießen.
3 Stunden marinieren.

Inzwischen die Butter in einer schweren Pfanne erhitzen, die groß genug ist, um alle Hasenteile aufzunehmen. Den Speck in große Stücke schneiden, in kaltes Wasser geben, zum Kochen bringen und 5 Minuten kochen lassen. Abtropfen lassen und in der heißen Butter anbraten. Die kleinen Zwiebeln zugeben und ebenfalls bei milder Hitze anbraten, bis sie goldgelb sind. Salzen und pfeffern und noch einmal kurz bei starker Hitze anbraten. Speck und Zwiebeln aus der Pfanne nehmen und beiseite stellen. In der Butter und dem Speckfett eine große, in feine Scheiben geschnittene Zwiebel und die gewürfelten Karotten anbraten. Mit Mehl bestäuben. Gut vermischen und so lange bei milder Hitze mit einem Holzlöffel rühren, bis das Mehl Farbe annimmt, dann die abgetupften Hasenteile in der Mischung anbraten.
Sobald sie goldgelb sind, mit zerdrücktem Knoblauch bestreuen und den Rotwein der Marinade angießen. Gut umrühren, damit sich keine Klumpen bilden. Abschmecken, das Gewürzsträußchen beigeben und bei milder Hitze im Backofen 1 Stunde garen.
Dann werden die Hasenteile mit den kleinen Zwiebeln und den Speckwürfeln in einen anderen Topf gegeben. Sauce durch ein Spitzsieb passieren, dabei auch die Kräuter und Gemüse durchdrücken, damit der Bratensaft würzig wird, und 1 Stunde mit den Hasenteilen bei milder Hitze köcheln lassen.
Inzwischen die Leber durch ein Haarsieb drücken, das Blut und einen Eßlöffel Marc de Provence angießen.
Sobald der Hase gar ist, werden die Stücke auf einer Platte angerichtet und warm gestellt. Sauce bei milder Hitze heiß halten, ohne daß sie kocht, und den pürierten Leberbrei unterrühren. Die Sauce soll dunkelbraun, sämig und ohne Klumpen sein. Die Hasenstücke mit der Sauce überziehen, dazu Croûtons oder Polenta reichen.

Gratin d'abricots

Für 6 Personen
100 g gesiebtes Mehl, 100 g Zucker, 100 g geriebene Mandeln, 1 Prise Salz, 150 g weiche Butter, 100 g Pinienkerne, 100 g ganze geschälte Mandeln, 1 kg frische ganze Aprikosen, entsteint

In einer Schüssel das Mehl, den Zucker, die geriebenen Mandeln, das Salz und die weiche Butter verkneten. Pinienkerne und ganze Mandeln unterkneten. Die Mischung beiseite stellen. Eine Auflaufform mit einer Schicht ganzer Aprikosen auslegen und den Teig daraufstreichen. Er muß gleichmäßig verteilt werden, ohne daß die Aprikosen dabei zerdrückt werden. Für etwa 1/2 Stunde in den vorgeheizten Ofen schieben und lauwarm zu Tisch geben.

Die Tomate, von spanischen und portugiesischen Conquistadores eingeführt, wurde erst im 19. Jahrhundert in der Provence heimisch. Heute findet man sie in vielerlei Farben und Formen, und jede hat für ein bestimmtes Gericht ihre Vorzüge.

VAISON-LA-ROMAINE
UND DAS COMTAT VENAISSIN

S. 54/55:
In der Umgebung von Sault findet man Lavendel- und Dinkelfelder, so weit das Auge reicht.

Linke Seite:
Das Hochplateau des Vaucluse: Hier beginnen die Lavendelfelder.

Die schmale Straße von Malaucène nach Suzette schlängelt sich über liebliche bewaldete Hügel und durch sanfte Täler mit sorgfältig angelegten Rebflächen. Die Hügel sind nicht besonders hoch, aber die Luft erinnert an die Frische der Alpen, die Landschaft ist so vielseitig – das Ganze ein Paradies auf Erden. Dann macht die Straße noch einmal eine Kurve, und unvermutet stehen in einer grünen Senke zwei hoch aufragende weiße Felsen im Blick.

Kein Wunder, daß die Römer diese Hügel *mons mirabilis* nannten – Montmirail. Aufgeworfen durch Verschiebungen in der Erdkruste wurden diese Jurafelsen zu nadelspitzen Türmen und Zinnen erodiert, »Dentelles« genannt – kleine Zähne. Die Dentelles de Montmirail liegen inmitten einer der historisch seltsamsten Regionen Frankreichs, dem winzigen Comtat Venaissin, das fast fünfhundert Jahre Eigentum des Papstes war. Es verdankt seinen Namen seiner ehemaligen Hauptstadt Venasque, aber seit 1320 wurde Carpentras zum Zentrum, eine keltoligurische, gallorömische Siedlung, die unter der päpstlichen Herrschaft aufblühte. Innozenz VI. ließ die großartige Befestigungsanlage mit 32 Wehrtürmen und vier großen Stadttoren errichten. Die Zerstörung des 19. Jahrhunderts überlebten nur wenige beeindruckende Reste. Carpentras ist noch heute bedeutendes Handelszentrum, der Freitagsmarkt ist einer der größten und besten der Provence. Er füllt die schattige Avenue Jean-Jaurès und dehnt sich von dort in die Straßen der Altstadt mit ihren windschiefen Häusern aus. Von dort gelangt man zur Kathedrale Saint-Siffrein aus dem 15. Jahrhundert und kurz danach zur ältesten Synagoge Frankreichs, die hier im 14. Jahrhundert errichtet wurde. Genauso wie Avignon, Cavaillon und L'Isle-sur-la-Sorgue hatte Carpentras im Mittelalter ein Ghetto.

Wenn man der Straße von Carpentras nordwärts zu den Dentelles folgt, gelangt

Die berühmten Berlingots von Carpentras sind unverkennbar: dreieckig und bunt wie vieles in der Provence.

Die Dörfer des Vaucluse (oben Malaucène, unten Sault) gehören zu den hübschesten der Provence.

Das Dorf Roque-Alvie liegt auf einem Felsen gegenüber den Dentelles de Montmirail.

Das Renaissance-Schloß von Barroux (ganz unten) ist eine Zitadelle, die hoch oben zwischen den Dentelles de Montmirail (unten) und dem Mont Ventoux liegt.

man nach fruchtbarem Ackerland in eine hügelige Region, die von Eichen- und Pinienwäldern sowie von leuchtenden Rebflächen dominiert wird. Im Frühjahr gibt es hier köstliche Kirschen.

Es spielt keine Rolle, ob Sie die rechte oder die linke Abzweigung nehmen, beide Straßen führen durch einige der schönsten Dörfer der Provence nach Vaison-la-Romaine. Die meisten von ihnen entstanden im Mittelalter und gehen auf römische Siedlungen zurück. Hier lebt man vom Weinbau: Crestet, Suzette, Vacqueyras, Gigondas und Beaumes-de-Venise mit seinen berühmten, süßen Muskatellerweinen.

Nächste Station ist Le Barroux. Imposant erhebt sich die mächtige Burg unter leuchtendblauem Himmel zwischen den Dentelles de Montmirail und dem Mont Ventoux. Während der Religionskriege wurde die Burg erstmals zerstört, in den zwanziger Jahren unseres Jahrhunderts jedoch wieder aufgebaut und dann 1944 von den Deutschen, auf dem Rückzug vor den Alliierten, in Schutt und Asche gelegt. Die Burg brannte volle zehn Tage, und der Wiederaufbau ist noch in vollem Gang.

Gigondas ist viel kleiner, als man nach der Berühmtheit seiner Weine erwarten würde. Das freudevolle *Jocundatis* war schon in römischer Zeit Zentrum der

Weinproduktion, und im Mittelalter unterhielten die umliegenden Abteien hier ihre Weingärten. Über etlichen Flaschen Gigondas sollen an einem Sonntag im Mai 1854 Frédéric Mistral und seine Dichterkollegen die provenzalische Literaturgesellschaft, die Félibrige, gegründet haben.

Eingebettet in Weingärten liegt Sablet, ein Gewirr verwinkelter Gassen und Arkadengänge, die sich innerhalb der Befestigungsmauern zusammendrängen. Das benachbarte Séguret hätte gute Chancen, zum hübschesten Dorf der Provence gewählt zu werden. Hinter geöffneten Türen sind Künstler an der Arbeit: Mary van den Hove fertigt an ihrem Webstuhl Angoraschals, Cathy Bishoff Sias formt Miniaturtöpferwaren, Philippe Fournier bemalt handgefertigte Santos (Krippenfiguren). Im nördlichen Teil des Comtat Venaissin führen alle Straßen nach Vaison-la-Romaine, das sich genaugenommen aus drei Ansiedlungen zusammensetzt: das verfallene galloromanische *Vasio Vocontiorum* am Südufer der Ouvéze, die befestigte, mittelalterliche Ortschaft, die auf einem Hügel darüber liegt, und die lebendige, platanenbeschattete provenzalische Stadt, die auf den Grundmauern der römischen entstand.

Der Brunnen des hübsch restaurierten Dorfs Crestet in den Dentelles de Montmirail. Hier kann einen sogar das originelle Aushangschild einer Pension überraschen.

Von langer Tradition: provenzalische Fayencen.

Obwohl schon im 19. Jahrhundert römische Fragmente gefunden worden waren, erhielt Vaison erst im Jahr 1920 den Beinamen »la Romaine«, nachdem der junge Abbé Sautel ganz allein begonnen hatte, die römischen Überreste unter der modernen Stadt zutage zu fördern. Fast fünfzig Jahre grub Sautel in Vaison, finanziert von dem Schweizer Zigarrenfabrikanten Maurice Burrus. Vielleicht war er durch seinen Namen dazu prädestiniert, Vaisons wichtigster Wohltäter zu werden: Eine Plakette, die in den Ruinen gefunden wurde, ist Neros Lehrer Sextus Africanius Burrus gewidmet, der aus *Vasio* stammte.

Gigondas mit den Überresten der alten Stadtmauer, ein kleines Dorf, das einen großen Wein hervorbringt!

Römisches Erbe im Tal der Ouvèze: die Weinberge von Gigondas und Vaison-la-Romaine.

Vasio Vocontiorum war ursprünglich von den Vokontiern besiedelt, einem keltischen Stamm, der die römische Zivilisation adaptierte. Die einzigen öffentlichen Bauwerke, die bisher ausgegraben wurden, sind das Theater aus dem 1. Jahrhundert und die öffentlichen Bäder. Das antike Stadtzentrum mit Amphitheater und Forum liegt genau unter dem heutigen. Der Reichtum der römischen Stadt manifestiert sich jedoch in den großen Privathäusern, die größer sind als alle, die in Pompeji gefunden wurden, alle mit Atrium und Gärten, etliche sogar mit eigenen Bädern und Latrinen mit mehreren schlüssellochförmigen Sitzen.

Die Ruinen verteilen sich auf zwei Felder, Puymin und Villasse. Hier wuchern wilde Blumen in einem Atrium, erheben sich Überreste einer bemalten Wand über einem Mosaikfußboden. Das große Haus, in dem eine Silberbüste gefunden wurde, erstreckt sich über 5000 Quadratmeter. Das Haus mit dem Delphin ist auf den Grundmauern eines noch älteren Landguts erbaut und erinnert daran, daß das römische *Vasio* in fast 350 Jahren gewachsen war, vom 1. Jahrhundert v. Chr. bis zum Beginn der Invasion der Barbaren um 250 n. Chr.

Das Haus des Apollo Laureatus im Puymin hatte eigene Bäder mit beheizten Fußböden und Wänden. Die Säulen-

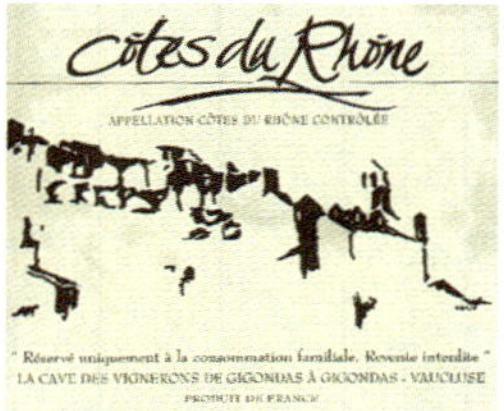

Die alte Römerbrücke von Vaison-la-Romaine steht hier seit 2000 Jahren. Das Schloß beherrscht die mittelalterliche Stadtansicht.

Der Gipfel des Mont Ventoux (1909 m), über den bisweilen der Mistral unerbittlich hinwegfegt.

halle des Pompeius könnte Teil eines Wandelgangs um einen Garten gewesen sein. Die Statuen Kaiser Hadrians, seiner Frau Sabina und des Athleten Diadumenos in den Nischen sind Kopien. Die Originale, ein stark idealisierter, nackter Hadrian und eine königlich gekleidete Sabina mit winzigen Knöpfen an den Ärmeln ihres Gewandes, stehen im nahe gelegenen Museum. Das Original des Diadumenos, der um 1860 gefunden wurde, wurde wenig später an das British Museum verkauft.

Die Kapelle im Val des Nymphes, einst Stätte heidnischer Kulte.

Die in der Nähe von Valréas gelegene romanische Kapelle von Monségur-sur-Lauzon.

Das Archäologische Museum besitzt noch eine Reihe anderer Schätze, die einen Besuch wert sind, wunderbare Bronzen, steinerne Totenmasken und natürlich die berühmte, von Sautel entdeckte Silberbüste. In dem Museum liegt auch ein besonders schöner antiker Mosaikfußboden.

Im September 1992 ließen sintflutartige Regenfälle die Ouvèze über die Ufer treten, so daß Vaison weitgehend zerstört wurde, mit Ausnahme der 2000 Jahre alten römischen Brücke, die die Flut fast unbeschädigt überstand – ein eindrucksvolles Symbol der Widerstandskraft. Sie ermutigte die Betroffenen, den Wiederaufbau in Angriff zu nehmen.

Am Rand der römischen Ruinen liegt die Kathedrale Notre-Dame-de-Nazareth aus dem 11. Jahrhundert, die vermut-

Die Kapelle Notre-Dame-de-Provence in Forcalquier.

Die Gorges du Verdon sind eine riesige, spektakuläre Schlucht, in der man immer wieder abgelegene Dörfer und friedliche Weideplätze findet.

Die Grands Canyons du Verdon: Auf einer Länge von 21 km hat sich der Fluß zwischen Rougon und Aiguines tief in das Tal hineingefressen.

lich auf Grundmauern eines gallorömischer Tempels steht. Sie ist wuchtig und streng und so schön wie jede romanische Kirche in der Provence. Die Chorkuppel ruht auf römischen Säulen, kleine Fenster im südlichen Seitenschiff sorgen für eine nur spärliche Beleuchtung der Kirche mit frühromanischem Altar. Das Gotteshaus, geprägt von einem schlichten Glauben, wirkt noch älter, als es tatsächlich ist. Auch der Kreuzgang hat archaische Züge. Seine Säulenkapitelle sind mit Blüten, Akanthusblättern und mythischen Figuren geschmückt, und in den Umläufen finden sich Marmorfragmente, die an die Teile eines nicht fertiggestellten Puzzles erinnern. Die Züge des Steinreliefs lassen einen gehörnten Christus erkennen.

Die Kapelle Saint-Quenin im Norden des Ortes mit ihrer ungewöhnlichen Ansammlung menschlicher Gestalten und mythischer Fabelwesen an den Gesimsen gibt ein eindrucksvolles Bild von der mittelalterlichen Vorstellungswelt. Im Vorbau befindet sich ein Relief mit einer Vase, aus der lange Weinranken herauswachsen – ein Gefäß der Vokontier? Jedesmal, wenn die Bewohner von Vaison umzogen, nahmen sie viele ihrer Steinmetzarbeiten mit, so daß in Häuser der mittelalterlichen Ortschaft römische Steine eingebaut sind. Jenseits des imposanten Glockenturms auf dem Tor zur »Haute Ville« führen die kopfsteingepflasterten Straßen terrassenförmig bergauf. Man gelangt von einem bezaubernden Brunnen zum anderen, vorbei an verzierten Eingängen und unterteilten Fenstern, an weinbewachsenen Häusern mit bunten Fensterläden und blumengeschmückten Balkonen. Die Kathedrale aus dem 15. Jahrhundert wird heute nur noch für Konzerte benutzt; auf ihrem Vorplatz hat man einen wunderbaren Blick hinunter zur Ouvèze und der römischen Brücke. Am Ende eines langen, steilen Aufstiegs gelangt man zur Burgruine der Grafen von Toulouse aus dem 12. Jahrhundert und blickt hinüber zum Mont Ventoux.

Er ist 25 Kilometer lang, 15 Kilometer breit und 1909 Meter hoch. Und wenn er »sein weißes Antlitz dem Sternenhimmel zuwände«, wie Frédéric Mistral sagte, wäre sein Sternbild sicher der Große Wal. Über den kalkweißen Rücken des Ventoux erhebt sich ein Sendemast – seine Silhouette ist unverkennbar. Von seinem Gipfel aus schweift der Blick der Sonne entgegen bis zu den italienischen Alpen, nach Norden über das Rhônetal, nach Westen bis zu den Cevennen und nach Süden an der Montagne Sainte-Victoire vorbei bis zum Meer.

Diese »Alchemistenmaschine«, mit deren Hilfe der Pastis, der legendäre provenzalische Apéritif, destilliert wird, ist bei Henri Bardouin zu bewundern.

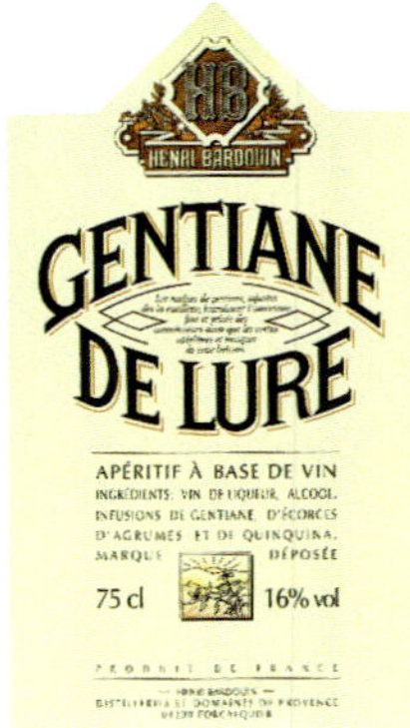

Der Ventoux ist seit prähistorischer Zeit besiedelt, sein Name aber ein Rätsel geblieben. Vielleicht bezieht er sich auf eine keltische Gottheit oder einfach nur auf den Wind, der hier immer weht. Wenn es stimmt, daß es in der Provence zweiunddreißig verschiedene Winde gibt, dann blasen sie ganz gewiß alle hier und in alle Himmelsrichtungen, mit bis zu 250 Stundenkilometern. Und der Mistral ist der wütendste von allen.

Der Ventoux liegt genau auf der Grenze zwischen der alpinen und der mediterranen Klimazone, so daß jede Flanke des Bergs ihr eigenes Mikroklima hat. Infol-

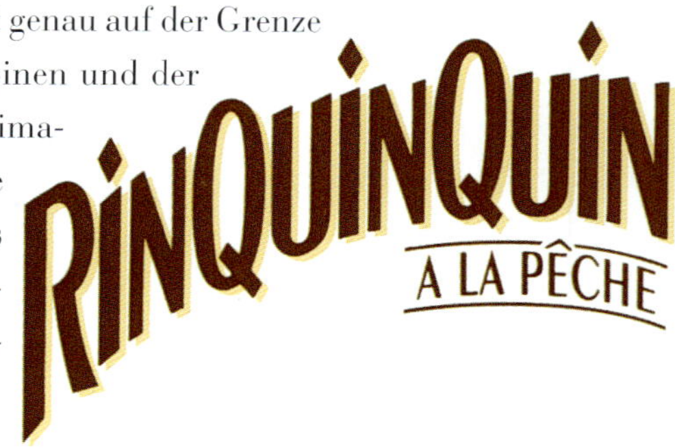

Oben: Sternanis und Süßholz für die Herstellung des Pastis. Links: Auf dem Dorf verkauft eine Eisenwarenhandlung so manchen Krimskrams.

Der Legende zufolge wurde der Lavendel von Kaspar, einem der Heiligen Drei Könige, nach Sault gebracht.

gedessen besitzt der Ventoux eine reiche Flora und Fauna, mit isländischem Moos und mediterranen Pinien, skandinavischen Eulen und sardischen Grasmücken, nordischen Hirschen und wilden Schafen aus Korsika mit großen Hörnern. Die Temperaturen reichen von minus 30 Grad Celsius bis zu sengender Hitze. Im Winter ist der Berg mit Schnee und Eis bedeckt; im Sommer ist der kalkweiße Gipfel eine dürre Wüste aus zerbrochenen, flachen, weißen Steinen, die »Lauzes« genannt werden. Sonnenauf- und -untergang auf dem großen, kahlen Berg bieten ein dramatisches Schauspiel. Und einmal im Jahr, in der Johannisnacht am 24. Juni, wird ein Feuer auf dem Gipfel entzündet, das alsbald von Feuern auf der Montagne Sainte-Victoire im Süden, im Norden auf dem Vercors und schließlich auf dem Mont Canigou in den Pyrenäen beantwortet wird.

Der erste Mensch, von dem belegt ist, daß er den fast 2000 Meter hohen Gipfel erklommen hat, war Petrarca im Jahr 1336. Er brach von Malaucène aus auf. Sein Weg zum Gipfel führte an einem riesigen Felsen vorbei, dem »Tor des heiligen Johannes«. Am Weihnachtsabend, so geht die Sage, genau um Mitternacht, öffnet sich der Felsen, und die legendäre goldene Ziege tritt hervor.

Die Südroute beginnt in dem hübschen Dorf Bédoin, führt durch Weingärten, in

Im »malvenfarbenen Dreieck« zwischen Sault und Valensole ist Lavendelblau die vorherrschende Farbe.

denen der köstliche Côtes du Ventoux wächst, und durch einen der größten Zedernwälder Europas. Von Sault aus gelangt man zwischen riesigen Lavendel- und Dinkelfeldern hindurch an eine Kreuzung mit der Straße nach Bédoin. In Sault beginnt die Lavendelregion – leuchtendblaue Felder auf kalkhaltigem Boden, so weit das Auge reicht. Vom Drômetal im Norden bis nach Apt und in den Lubéron im Süden reicht das Gebiet, in dem Lavendel kultiviert wird.

»Der Lavendel ist die Seele der Haute Provence«, meinte Jean Giono, »Himmel und Erde duften betörend.« Der Dichter hat sein gesamtes Leben in dieser Region ver-

In Valensole gibt es nicht nur köstlichen Lavendelhonig, sondern ein »lebendiges« Bienenmuseum.

Hier stehen die Santos zwischen Honigtöpfen.

bracht. Der Alltag war hart und entbehrungsreich in den wasserarmen Bergen und im Hochland, wo nur Hirten mit ihren Schafherden leben. Giono nannte die Umgebung von Sault »das Land des Himmels«, neun Zehntel Himmel und nur ein Zehntel Erde.

Sault ist berühmt für seinen Nougat aus Lavendelhonig. André Boyer gehört bereits zur dritten Generation seiner Familie, die seit 1887 den echten Nougat von Sault herstellt. Er ist offizieller Lieferant für die französische Nationalversammlung und hat mit dem größten Nougat der Welt (mehr als 12 Meter lang und mehr als 120 Kilo schwer) den Sprung ins *Guinness-Buch der Rekorde* geschafft. In dem schönen alten Laden der Boyers in der Hauptstraße von Sault werden neben diesem köstlichen, leicht karamelisierten Nougat Mandelmakronen, Lavendelhonig und feinstes Dinkelgebäck angeboten; alles wird in großen Ledertonnen im Hinterzimmer gelagert, wo André Boyer auch eine kleine Sammlung von altem Werkzeug zusammengestellt hat.

Weit oben liegt Montbrun-les-Bains; die Straßen sind hier noch gepflastert, und weit und breit ist kein Souvenirladen zu sehen. Der Johanniterorden gründete das Dorf Aurel im 12. Jahrhundert und errichtete hier ein Hospiz. In der romanischen Kirche Saint-Christol mit karo-

Kein Tag in der Provence sollte ohne ein Glas Pastis vergehen.

lingischem Altar glotzen den Besucher die Fratzen von Phantasietieren an. Die Rotunde in Simiane-la-Rotonde gibt der Fachwelt noch heute Rätsel auf. Strittig bleibt die ursprüngliche Funktion des romanischen Baus mit groteskem Maskenschmuck. Wer durch Banon kommt, sollte nicht verpassen, den Ziegenkäse zu probieren, der dort nach alter Sitte im Kastanienblatt reift.

Im 12. Jahrhundert rivalisierten die Grafen von Forcalquier, deren Land sich von Gap bis Manosque an der Durance erstreckte, mit den Grafen der Provence. Doch 1195 verbanden sich die beiden Familien durch Heirat. Raimond Bérenger V., der aus dieser Verbindung hervorging, erbte beide Titel. Er hatte vier Töchter, die alle vier Königinnen wurden: Marguerite wurde mit Ludwig dem Heiligen vermählt, Eléonore mit dem König von England, Sanche mit dem deutschen Kaiser und Béatrice mit Karl von Anjou, König beider Sizilien und Bruder Ludwigs des Heiligen.

Den schönsten Blick auf Forcalquier und die Umgebung hat man vom Benediktinerkloster Notre-Dame du Puy de Ganagobie. Wer durch das romanische Stufenportal mit schmuckreicher Ornamentik in die Kirche tritt, wird im Querhaus und den Apsiden wunderbare Fußbodenmosaiken entdecken. Ein tapferer Ritter versucht die wilden Phantasietiere zu besiegen. Außerdem eine Darstellung des heiligen Georg im Kampf mit dem Drachen. Südlich von Forcalquier schließt sich Mane an, dessen Zitadelle die einzige noch vollständig erhaltene mittelalterliche Festung der Region ist. Etwas außerhalb des Ortes liegt das ehemalige Kloster Notre-Dame de Salagon, von einem wechselvollen Schicksal gezeichnet. Einige Kilometer weiter in Richtung Süden kommt das Schloß von Sauvan, erbaut im 18. Jahrhundert. Nur die Gartenseite des Baus ist vollendet. Das Schloß ist noch heute in Privatbesitz.

In der Umgebung von Sault und Valensole werden Lavendel, Weizen und Dinkel angepflanzt.

Schwarze Oliven – in der Provence findet man die Sorte Pichouline – werden reif gepflückt und meist in Öl eingelegt.

Soupe au pistou

Der Pistou (bei uns als Pesto bekannt) kommt aus Genua und ist von dem italienischen Wort »pestare«, zerstoßen, abgeleitet. Im provenzalischen Dialekt ist der Pistou ein hölzerner Stößel. Für dieses Rezept benötigt man einen solchen (am besten aus Olivenholz) und einen Marmormörser.

Für 6 Personen
4 neue Kartoffeln,
1 Zwiebel,
3 Zucchini, 300 g grüne Bohnen,
Salz, 300 g Bauernspeck,
300 g frische weiße
Bohnen (enthülst),
300 g frische rote Bohnen
(enthülst),
6 große Knoblauchzehen,
1 Bund Basilikum,
150 ml Olivenöl, Pfeffer,
50 g geriebener Gruyère

Kartoffeln, Zucchini und Zwiebel schälen. Kartoffeln und Zucchini in Scheiben schneiden, Zwiebel würfeln. Die grünen Bohnen putzen und in 1 cm große Stücke schneiden. 3 l Salzwasser in eine Kasserolle geben, den gewürfelten Speck, die roten und weißen Bohnen, Kartoffeln und Zwiebeln in den Topf geben. 45 Minuten kochen lassen, dabei immer wieder abschäumen. Zucchini und grüne Bohnen hinzufügen und weitere 10 Minuten kochen lassen.

Pistou
Knoblauchzehen schälen und in einem Mörser mit dem Basilikum zerstoßen. Sobald eine Paste entsteht, das Olivenöl langsam unterrühren. Gut pfeffern und mit dem geriebenen Käse vermischen. Die Paste wird mit 4 Eßlöffeln von der Gemüsebrühe verdünnt und dann in die Suppe gerührt. Mit Röstbrot oder kleinen Nudeln (vorher separat kochen) servieren.

Cake aux olives

Für 10 Scheiben
300 g Mehl, 1/2 TL feines Salz,
150 ml Olivenöl,
3 Eier, Wasser, 10 g Backpulver,
150 g Schinken,
150 g grüne oder schwarze
Oliven (entsteint),
150 g geriebener Gruyère

In einer Schüssel Mehl, Olivenöl und Eier verrühren, bis ein glatter Teig entsteht. Das in etwas lauwarmem Wasser aufgelöste Backpulver untermischen. Schinken würfeln und mit den restlichen Zutaten zu dem Teig geben. Eine Kastenform mit Backpapier auslegen und den Teig hineingießen. Im vorgeheizten Ofen bei ca. 180 Grad 45 Minuten backen. Mit einem spitzen Messer in die Mitte des Kuchens stechen. Bleibt beim Herausziehen nichts an der Klinge haften, ist der Kuchen gar. Lauwarm oder kalt servieren.

Quichette aux anchois

Für dieses Rezept benötigt man einen Stößel (am besten aus Olivenholz) und einen Marmormörser.

Für 6 Personen
12 Anchovisfilets,
1 Knoblauchzehe, 8 EL Olivenöl,
6 Scheiben Röstbrot

Die Anchovisfilets unter fließendem Wasser abspülen. Mit dem Knoblauch in einem Mörser zerstoßen, dabei langsam das Olivenöl zugeben. Die Paste auf die Brotscheiben streichen und einige Minuten im vorgeheizten Ofen überbacken. Als Apéritifhappen servieren.

Le Tian d'épinards aux sardines

Für 6 Personen
1,5 kg Spinat, 1 Zwiebel,
1 EL Olivenöl,
2 Knoblauchzehen,
1 EL Mehl, 100 ml
Milch, 1 kg Sardinen,
Salz, Pfeffer,
50 g Paniermehl,
50 g geriebener
Gruyère

Spinat waschen, Stiele und Blattrippen entfernen und Spinatblätter blanchieren, abtropfen lassen und gut ausdrücken. Die in Würfel geschnittene Zwiebel in einer Pfanne in Olivenöl anbraten. Den Spinat fein hacken, Knoblauch durch die Presse drücken und beides mit dem Mehl zu den Zwiebelwürfeln geben. Gut verrühren und nach und nach die warme Milch angießen. Salzen und pfeffern. Sardinen waschen, ausnehmen, Kopf und Mittelgräte entfernen. Den Spinat in eine Auflaufform füllen, Sardinen darauflegen, mit dem geriebenen Gruyère und Paniermehl bestreuen und mit Olivenöl beträufeln. 15 Minuten im vorgeheizten Ofen überbacken. Warm, lauwarm oder kalt servieren.

Pot-au-feu à la provençale

Dieser Pot-au-feu wird mit Markklößchen serviert.

Für 8 bis 12 Personen
1 kg Querrippe oder Brustkern vom Rind,
3 Endstücke von der Lammkeule,
1 Kalbshaxe,
5 Gewürznelken,
1 Zwiebel,
Thymian,
1 Selleriestange,
1 Lorbeerblatt,
1 Bund glatte Petersilie,
3 Knoblauchzehen mit Schale,
10 Stangen Lauch,
10 Karotten, 10 weiße Rübchen,
10 kleine neue Kartoffeln, grobes Salz, Pfeffer, 3 Markknochen,
1 EL Paniermehl aus frischem Brot, 1 Ei, 1 feingehackte Schalotte, 1 Prise geriebene Muskatnuß, 1 Prise feines Salz aus der Camargue, Senf

Alles Fleisch in einen großen Topf legen und mit kaltem Wasser bedecken. Aufkochen lassen und abschäumen. Die Hitze verringern und die mit Nelken gespickte Zwiebel, Thymian, Sellerie, Lorbeerblatt, Petersilie und die ungeschälten Knoblauchzehen dazugeben. Salzen und pfeffern und bei milder Hitze und geschlossenem Deckel etwa 3 1/2 Stunden köcheln lassen. Inzwischen Lauch, Karotten, weiße Rübchen und Kartoffeln putzen, die Lauchstangen mit Küchengarn zusammenbinden. In der letzten halben Stunde der Garzeit das Gemüse zum Fleisch geben.
Mit einem kleinen Küchenmesser das Mark aus den Knochen kratzen, mit einer Gabel zerdrücken und mit Paniermehl, Ei, der feingehackten Schalotte und dem Muskat verkneten. 1 Liter von der Fleischbrühe separat zum Kochen bringen. Aus dem Markbrei walnußgroße Klößchen formen und in der heißen Brühe pochieren, bis sich ihre Größe verdoppelt hat und die Klößchen an die Oberfläche steigen. Nun ist die Bouillon fertig.
Das Fleisch schneiden, mit feinem Salz aus der Camargue, in Essig eingelegten Kirschen und Senf servieren. Die Bouillon mit den Markklößchen wird separat gereicht.
Dazu gibt es in der Provence außerdem eine Zwiebelomelette und Sauce bagnet:

Sauce bagnet

1 Stengel Petersilie,
6 reife Tomaten, Basilikum,
5 Knoblauchzehen,
12 EL Olivenöl, 3 EL Weinessig,
1 TL Senf, Salz, Pfeffer

Petersilie, Tomaten und Basilikum waschen. Basilikum, Petersilie, Tomaten und Knoblauch fein hacken.
In einer Schüssel alle Zutaten mit einem Schneebesen verschlagen. Die Sauce abschmecken und zum Pot-au-feu reichen.

Die restliche Brühe des Pot-au-feu kann als Suppe vielfach verwendet werden, klar oder z. B. mit Nudeln und/oder kleingeschnittenem Gemüse.

Omelettes aux oignons

8 mittelgroße Zwiebeln,
10 Eier, Erdnußöl

Zwiebeln fein würfeln und mit dem Erdnußöl in einer Pfanne anbraten. Die Eier verschlagen, Zwiebeln untermischen und die Omelette in einer heißen Pfanne braten. Lauwarm servieren.

Ravioles frites

Für 6 Personen
2 Lagen Ravioles de Romans,
1 l Hühnerbrühe

Die Ravioles (kleine Ravioli mit Käse-Petersilien-Füllung) einige Minuten in siedender Hühnerbrühe ziehen lassen. (Man zerteilt die Lagen nicht, sie lösen sich im Wasser von selbst voneinander, dürfen aber auf keinen Fall kochen!)
Mit einer Schöpfkelle aus dem Wasser heben und in einer Pfanne in heißem Olivenöl goldgelb braten. Mit einer Schaumkelle herausheben und auf Küchenkrepp abtropfen lassen.
Salzen und warm als Appetithappen servieren.

Fougasse

Die Fougasse ist eine Art Brot, das zu Hause sehr schwer zuzubereiten ist. Allerdings kann man sich beim Bäcker fertigen Brotteig besorgen, dem man dann nach Geschmack Speckwürfel, schwarze oder grüne Oliven, Kapern oder Anchovis beigibt. Zum Backen der Fougasse benötigt man einen Brotofen! Wer dennoch eine Fougasse zu Hause zubereiten will, sollte sie im auf höchster Stufe vorgeheizten Ofen 15 bis 20 Minuten backen.

Paprika, erntefrisch in allen Größen und Farben.

L U B É R O N

S. 76/77: Das malerische Ménerbes liegt auf einem nördlichen Ausläufer des Lubéron.

Linke Seite: Blick auf L'Isle-sur-la-Sorgue.

Chiare, fresche e dolci acque di questa fontana gloriosa«, so lautet die Inschrift an der Wand – klar, frisch und wohlschmeckend ist das Wasser dieser wunderbaren Quelle, der Fontaine de Vaucluse. Die Quelle der Sorgue, eine der mächtigsten Quellen der Welt, die geheimnisvolle Fontaine de Vaucluse, liegt unter üppiger Vegetation verborgen in einer felsigen Höhle, ein milchiggrünes Becken, dessen Tiefe noch immer unerforscht ist. Ihre Wasser rauschen wild und schäumend über die Felsen, andere unterirdische Quellen gesellen sich dazu. Im Frühling und Herbst überfluten sie manchmal die Haine, die ihre Ufer säumen, und in den Dörfern drehen sie noch immer die alten, moosbewachsenen Mühlräder.

Wie überall in der Provence spielt auch in L'Isle-sur-la-Sorgue das Kunsthandwerk eine bedeutende Rolle. Die Stadt war früher ein wichtiges Zentrum für Weberei, Färberei und Gerberei.

Dieses Tal war einmal die *vallis clausa*, das verbotene Tal – daher der Name der Berge von Vaucluse. Petrarca verbrachte sechzehn Jahre in einem kleinen Haus an der Sorgue. »Die Musen sind aus dem Exil zurückgekehrt und leben hier, an diesem abgelegenen Ort mit mir«, schrieb er. Heute hätten die Musen es schwer, gegen die Touristenscharen anzukommen, aber wenn Sie einen Blick auf ihr Werk werfen wollen, überqueren Sie die Brücke zum linken Flußufer, wo in einer winzigen Museumsbücherei eine liebevoll zusammengestellte Sammlung von Petrarca-Memorabilien ausgestellt ist. Auch in die romanische Dorfkirche verirren sich kaum Touristen. Sie erinnert an eine Grotte, die dem heiligen Véran, im 6. Jahrhundert Bischof von Cavaillon, geweiht ist.

Die zahlreichen Bistros, die die Straßen säumen, verleihen L'Isle-sur-la-Sorgue eine heitere Atmosphäre.

Die Sorgue teilt sich in zwei Arme, die L'Isle-sur-la-Sorgue umschließen und ein Netz von Wasserwegen bilden. Die Stadt funkelt buchstäblich im Sonnenlicht, das durch die Bäume fällt und sich in den Kanälen widerspiegelt. Sieben alte Mühlräder beschwören für die berühmten Antiquitätenhändler der Stadt die Atmosphäre vergangener Zeiten. Zusammen mit dem normalen Wochenmarkt ist jeden Sonntagvormittag auch ein Flohmarkt; zu Ostern und am 15. August findet ein vielbeachteter Antiquitätenmarkt statt.

Die Staatsstraße N 100, die L'Isle-sur-la-Sorgue mit Apt verbindet, führt fast schnurgerade durch das Tal des Cavalon. Im Norden der Straße liegen die Monts de Vaucluse, im Süden der Lubéron. Von jedem Hügel bietet sich tatsächlich ein anderer Blick auf die sorgfältig bestellten Felder, Obstwiesen und Rebflächen. Sie sind von Pinienreihen gesäumt, um die Wucht des Mistral so gut wie möglich abzuhalten. In der Nacht kann man die Dörfer als blinkende Sternbilder erkennen. Wenn man die friedliche Landschaft überblickt und keinen Laut hört außer dem Gesang der Zikaden, ist es kaum zu glauben, daß dieses Land Jahrhunderte lang ein blutiges Schlachtfeld war. Die zweite Hälfte des 14. Jahrhunderts glich einer Apokalypse – das Volk war mit Hungersnöten, der Pest und einem Erdbeben geschlagen, während gleichzeitig Söldnerheere nach Lust und Laune plünderten und raubten.

Eines der zahlreichen Cafés, die man überall in der Provence findet: hier eine sonnenbeschienene Terrasse in L'Isle-sur-la-Sorgue.

Blick auf Sablet.

Im 16. Jahrhundert gingen die Religionskriege über das Land, die im Lubéron mit der Verfolgung der Waldenser begannen, eine Sekte, die vierhundert Jahre zuvor von Pierre de Vaux begründet worden war. Der wohlhabende Kaufmann aus Lyon prangerte die Korruption der Kirche an und gab sein Vermögen für die Gründung eines Bettelordens.

Im 12. Jahrhundert verschwanden die Waldenser aus Frankreich, aber in den Schweizer Alpen und in Piemont überlebten sie. Erst im 14. Jahrhundert tauchten sie im Lubéron wieder auf. Im frühen 16. Jahrhundert setzte die Verfolgung dieser frühen Protestanten erneut ein. Die Tragödie endete im Mai 1545 mit einem fünftägigen, grausamen Blutvergießen, das

Das vom Verfall bedrohte Oppède-le-Vieux blüht dank der Unterstützung zahlreicher Künstler wieder in alter Schönheit. Die Häuser wurden zum großen Teil restauriert.

In dem auf einem Ausläufer des Lubéron gelegenen Dorf Bonnieux trifft man noch auf zahlreiche Zeugnisse der Vergangenheit.

vom Baron Jean Meynier d'Oppède befohlen wurde und bei dem mehr als 3000 Waldenser ermordet wurden. Tausend weitere verhungerten.

Die kriegerischen Auseinandersetzungen zwischen Hugenotten und Katholiken verwüsteten viele Dörfer im Lubéron. Erst die Revolution beendete den Terror.

Auf den einstigen Schlachtfeldern schlängeln sich heute Wanderwege vorbei an Eichen-, Buchen- und Pappelhainen. Wilde Blumen sprießen in den Spalten weißer Felsen, der leuchtendgelbe Ginster erfüllt die Luft mit seinem Wohlgeruch.

In dem schicken Bonnieux flüchtet man sich am besten in das Musée de la Boulangerie, ein Mini-Museum, das nicht nur einen kompletten Bäckereibetrieb zeigt, mit allen Backöfen und Formen und Geräten, die das Handwerk so braucht, sondern auch noch ein bißchen von allem anderen – römische Münzen, Fossilien, traditionelle Trachten …

Von hier aus verlangt der Aufstieg zum oberen Teil des Ortes Ausdauer, aber von dem Platz vor der alten Kirche sieht man Lacoste, Gordes und Roussillon liegen, und dahinter den weißen Gipfel des Mont Ventoux.

Ménerbes – das gallorömische *Minerva* – ist eine Festung, die auf dem obersten Rand eines Bergvorsprungs sitzt. Auf der einen Seite steht ein kleines Herrenhaus aus dem 17. Jahrhundert, Le Castellet. Auf der anderen Seite liegt die

Die Steinhäuser von Gordes ziehen sich über einen Felsen am Ende des Plateau de Vaucluse. Bei Sonnenuntergang sind die Farben der Stadt geradezu magisch.

Ein Spaziergang durch die gepflasterten Gassen (Calcades) von Gordes ist äußerst reizvoll.

Zitadelle aus dem 16. Jahrhundert. Von dem angrenzenden, schön gepflegten Friedhof aus hat man eine wundervolle Aussicht. Dazwischen drängen sich die wuchtige und schmucklose Kirche aus dem 14. Jahrhundert mit rechteckigem Glokkenturm, der von einem gußeisernen Käfig bekrönt ist.

Etwas außerhalb des Ortes, im Weinkeller der Domaine de la Citadelle, befindet sich das Musée du Tire-Bouchon mit mehr als 100 Korkenziehern aller Art – Frauenbeine mit Strapsen, Hunde, Katzen, Mönche und Meerjungfrauen, Korkenzieher mit einem Griff, mit zwei Griffen, mit hufeisenförmigen Griffen, Korkenzieher aus Bronze, aus Plastik oder aus purem Gold.

Lacoste ist wohl das hübscheste von all den kleinen Dörfern im Lubéron, mit Blumenkästen an allen Fenstern und Jasmin, der an den Hauswänden rankt. Die Schloßruine, deren Silhouette sich eindrucksvoll vom Himmel abhebt, war das ländliche Versteck des Marquis de Sade, der die Räume im Jahr 1766 renovieren und ein Theater und ein »geheimes Kabinett« für seine erotischen Vergnügungen einbauen ließ. De Sade verbrachte Jahre in Lacoste, bis seine Schulden ihn 1796 zwangen, das Château abzustoßen. Weil es bereits in schlechtem Zustand war, wurde es schließlich Stück für Stück als Baumaterial verkauft.

Die hellen renovierten Steinhäuser haben teilweise Innenhöfe.

Ort der vollkommenen Ruhe und des Friedens: Die Zisterzienserabtei von Sénanque im Tal der Sénancole.

Oppède-le-Vieux wurde im 19. Jahrhundert aufgegeben, als die Einwohner nach und nach aus ihrem mittelalterlichen, hochgelegenen Vorposten ins Tal hinunterzogen. Heute ist es eine schöne, melancholische Ruinenstadt. Die kopfsteingepflasterten Gassen sind überwuchert, Bäume bohren sich durch Wände, Türen und Fenster sind für Dornbüsche und Gesträuch geöffnet, Weinranken klammern sich an die bröckelnden Fassaden. Nur die romanische Kirche, die 1546 von Meynier d'Oppède, jenem Schlächter der Waldenser wieder aufgebaut wurde, steht wie durch ein Wunder noch unversehrt über der Ruinenstadt.

Außerhalb der alten Stadtmauern liegt die Place du Beffroi, das Zentrum des wiederbelebten Oppède. Die alten Steinhäuser werden nach und nach saniert.

Gordes ist schon seit langem vollständig renoviert – überrenoviert nach der Meinung vieler: eine mittelalterliche, aus weißen Steinen erbaute Stadt mit monumentalem Schloß und ebenso imposanter Kirche. Die Kirche aus dem 12. Jahrhundert wurde im 18. Jahrhundert umgebaut. Der gesamte Innenraum ist kunterbunt ausgemalt. Die steilen, kopfsteingepflasterten Gassen sind rutschig, aber sie führen zu hübschen Steinhäusern und zu einem Hospiz für Pilger auf dem Weg nach Santiago de Compostela, das heute eine Kunstgalerie beherbergt.

Obwohl Gordes heute von luxuriösen Ferienvillen für Städter eingeschlossen ist, war es schon seit jeher wegen seiner Ansammlung primitiver Bories bekannt – steinerner Hütten, die von Mensch und Tier benutzt wurden. Im Lubéron und den Monts de Vaucluse gibt es rund 3000 Bories. Die in Gordes sollen aus der ligurischen Zeit stammen und wurden bis etwa 1850 bewohnt.

Farben und Düfte des südöstlich von Apt gelegenen Dorfs Saignon.

Das Primitive und das Erhabene trennt nur wenige Kilometer: Die Zisterzien-

Überall in der Provence trifft man in den schmalen Gassen auf hübsche Zeugnisse vergangener Jahrhunderte: geschnitzte Türen, verzierte Fensterrahmen …

serabtei Sénanque mit ihrer kühlen, stillen Strenge ist eines der Juwele der Provence. Vom Dormitorium mit seinem mächtigen Tonnengewölbe, wo die Mönche voll bekleidet auf Strohsäcken schliefen, führt eine Treppe zur Kirche und zum Kreuzgang hinab. Der einzige geheizte Raum im ganzen Kloster war das Calefaktorium, der Wärmeraum, wo die Mönche Schriftstücke kopierten. Zusammenkünfte wurden im Kapitelsaal abgehalten, einer offenen Halle vor dem Kreuzgang, dem einzigen Ort in der Abtei, wo gesprochen werden durfte. (Und es ist sicher kein Zufall, daß die Akustik dort perfekt ist.) Seit 1988 lebt in der Abtei wieder eine kleine Gemeinschaft von Mönchen.

Es wird behauptet, daß die ockerfarbenen Klippen, die Roussillon umgeben, in siebzehn unterschiedlichen Schattierungen von Rot und Orange leuchten. Aber die Bausteine der Häuser in der farbenprächtigsten Ortschaft des Lubéron leuchten in noch viel mehr Farbtönen, von Goldgelb über Dunkelorange bis zu tiefem Karmesinrot, dazwischen verschiedene Töne von Rosa und sattem Siena. Und die Bewohner von Roussillon, der roten Stadt, vervollständigen das Bild mit gewagten Farbkombinationen: magentarote Türen in einer hellroten Fassade, babyblaue Fensterläden an einer rotbraunen Wand, lila und gelbe Blumen auf einem altrosafarbenen Balkon. Das einzige in Roussillon, was nicht bunt ist, ist der schlichte, weiße Innenraum der hübschen, gelben Kirche.

In der Provence scheint die Zeit stehengeblieben zu sein. Im Dämmerlicht legt sich eine sanfte Trägheit über die Dörfer und hüllt die Schönheit in einen aparten Schleier.

Die Ockerablagerungen von Roussillon verschwinden unterhalb von Apt und kommen in der Gegend von Rustrel wieder an die Oberfläche, wo sie die dramatischen Canyons des provenzalischen Colorado bilden. Die Römer bauten den Ocker ab, als Apt noch Colonia Apta Julia hieß, aber dann wurde er bis zu seiner Wiederentdeckung im 18. Jahrhundert mehr oder weniger vergessen. Während des ganzen 19. Jahrhunderts

Der Felsen von Saignon: Abends, wenn er von den Lichtern der Stadt Apt und der umliegenden Dörfer erhellt wird, sieht man ihn besonders gut.

Saint-Saturnin-d'Apt wird überragt vom Turm seiner romanischen Kapelle und den Ruinen des Schlosses, das einst im Besitz der Herren von Agoult war.

und bis ins frühe 20. Jahrhundert hinein war Apt reich durch den Ockerhandel. Heute ist es für seine kandierten Früchte bekannt und für seinen bunten und üppigen Sonntagsmarkt, der die gesamte Altstadt belebt.

Im kleinen Museum von Apt gibt es einen ganzen Raum voller reizender, naiver Votivbilder aus der Kirche. Ferner eine schöne Sammlung von Fayencen aus Apt, die für ihre seidenglatten Oberflächen und ihre marmorierten Butter-und-Toast-Farben berühmt sind. Die Produktion von Fayencen war im 18. und 19. Jahrhundert ein blühender Industriezweig. Heute liegt die Tradition in den Händen eines einzigen Künstlers, Jean Faucon, dessen Familie schon in der sechsten Generation Keramik herstellt. Oberhalb von Apt thront wie eine Festung das Dorf Saignon. Es ist größer, als es auf den ersten Blick erscheint. Auf seinem schattigen Hauptplatz steht eine gedrungene romanische Kirche mit wunderbaren geschnitzten Holzportalen.

Lavendelfelder bedecken die Ebene zwischen Saignon und dem winzigen Sivergues, das nur aus einer Kapelle, drei Häusern, ein paar kopfsteingepflasterten Gassen und einem winzigen Rathaus besteht. Eine steinige, ungepflasterte Straße windet sich nach Le Castellas und zu einem alten Bauernhof hinauf, wo

In diesem Dorf kann man alte Häuser bewundern, deren Fassaden viele Details bewahrt haben.

Saignon hat nicht nur seine alten Steinhäuser und drei Schloßruinen zu bieten, sondern auch steil abfallende gepflasterte Gassen.

Das Trockenmauerwerk war ursprünglich weiß, doch im Laufe der Zeit hat es das Moos überwuchert.

braune Ziegen gemolken werden und die Schweine in ihren Koben quieken. Hier kann man an einem Tisch im Freien Platz nehmen, verschiedene Sorten von hausgemachtem Käse und Schinken probieren und eine Flasche einheimischen Wein trinken.

Auf der anderen Seite des Tals sind die Ruinen des Fort de Buoux kaum zu erkennen. Es ist ein seltsamer, beunruhigender Ort, um so mehr, als der Fußweg nach Fort de Buoux durch die Baume du Fort führt, eine riesige prähistorische Höhle, die durch einen massiven, überhängenden Felsen gebildet wird und aussieht wie der Eingang zu einer anderen Welt.

Die Combe de Lourmarin ist ein Tor ganz anderer Art, eine enge Schlucht, die vom Flüßchen Aiguebrun zwischen Buoux und Lourmarin in die Landschaft geschnitten wurde und den liebenswürdigen Petit Lubéron vom wilderen Grand Lubéron trennt.

Lourmarin thront auf zwei kleinen Hügeln. Auf dem einen davon liegt das Château, von dem aus man zu den drei wichtigsten Gebäuden der Stadt hinüberblicken kann: die protestantische Kirche aus dem 19. Jahrhundert, das grüne Dach der romanischen Dorfkirche und der Glockenturm des alten Forts aus dem 17. Jahrhundert. Auch Lourmarin wurde vom Jetset entdeckt. Dennoch hat es seinen ursprünglichen Charme nicht verloren.

Salbei, Basilikum und Lavendel: Die Kräuter der Provence verwöhnen den Gaumen.

Colimaçons à l'arlésienne

Für dieses Rezept verwendet man kleine Schnecken mit schwarz-weiß oder schwarz-gelb gestreiftem Haus, die man im Frühjahr findet. Sie sind im Geschmack besonders fein.

Für 6 Personen
2 kg Schnecken, Salz, Essig, 2 Zwiebeln, 1 Karotte, 1 Stangensellerie, 1 Zweig Fenchelgrün, 1 Gewürzsträußchen (Petersilie, Thymian, Lorbeer), 1/2 Flasche Weißwein, Olivenöl, 1 EL Mehl, 1 Knoblauchzehe, gehackte Petersilie, 2 Eigelb, 1 Zitrone

Schnecken 1 oder 2 Tage wässern. In Salzwasser mit einigen Tropfen Essig waschen, dann gut spülen und mit einer Nadel ein kleines Loch in den Boden jedes Schneckenhauses bohren. Aus einer Zwiebel, Karotte, Selleriestange, Fenchelgrün, dem Gewürzsträußchen und dem Weißwein einen Sud zubereiten, in dem die Schnecken einige Minuten gekocht werden. Sobald der Sud stark zu schäumen beginnt, Schnecken herausheben und abtropfen lassen.

Für die Sauce eine in feine Scheiben geschnittene Zwiebel in Olivenöl anbraten, mit dem Mehl bestäuben. Anbräunen lassen. Etwa zwei Schöpflöffel Sud angießen, die Sauce muß sämig bleiben. Einige Minuten kochen lassen, dann ein wenig Knoblauch und die Petersilie hinzufügen. Zwei Eigelb mit dem Saft der Zitrone vermischen und unter die heiße Sauce rühren. Kurz aufkochen lassen. Sofort mit den Schnecken servieren. Die Schnecken werden mit der Hand gegessen und durch das mit der Nadel gebohrte Loch ausgelutscht.

Aubergines à la provençale

Dieses Gericht wird kalt mit einem Tomatencoulis serviert.

Für 6 Personen
6 Auberginen, grobes Salz, Fritieröl, Pfeffer, 30 g gehackter Knoblauch, ca. 40 Basilikumblätter, 150 ml Essig

Auberginen in Längsscheiben oder Würfel schneiden, mit grobem Salz einreiben und auf einem Sieb 2 Stunden abtropfen lassen.
Das Salz abspülen und die Auberginen ausdrücken, in Fritieröl goldgelb backen und das überschüssige Fett mit Küchenkrepp abtupfen.
Eine große Schüssel mit einer Schicht Auberginen auslegen, mit einer Schicht Tomatencoulis (siehe rechts oben) bedecken, mit Pfeffer, gehacktem Knoblauch und Basilikumblättern bestreuen, mit Essig beträufeln. Dann folgt die nächste Lage Auberginen, mit Tomatencoulis abschließen.
Kalt mit dem Rest des Tomatencoulis servieren.

Coulis de tomates

2 kg große, reife Tomaten, Olivenöl, Salz, 1 Prise Zucker, 1 Gewürzsträußchen (Thymian, Lorbeerblatt, Petersilie), 2 Knoblauchzehen

Tomaten waschen und vierteln. In Olivenöl bei milder Hitze mit Salz, Zucker, den Gewürzen und dem gehackten Knoblauch einkochen lassen, bis die Flüssigkeit sämig ist. Durch eine Gemüsemühle passieren.

Cerises au vinaigre

Für 1 Einmachglas (1,5 l)
1 Estragonzweig, 1 kg Kirschen, 15 schwarze Pfefferkörner, 15 Korianderkörner, 500 ml weißer Essig, 1 l Wasser, 1 EL Streuzucker

Estragon waschen und Blättchen abzupfen, dann die Kirschen waschen und die Stiele entfernen. Das Glas mit Kirschen, Estragon und Gewürzen füllen.
In einem großen Topf Essig, Wasser und Zucker aufkochen und die Mischung sofort über die Kirschen gießen. Um einen Vakuumeffekt zu erzielen, wird das Glas sofort verschlossen und auf den Kopf gestellt. Über Nacht abkühlen lassen. Die eingelegten Kirschen halten sich im Kühlschrank bis zu 3 Monaten. Sie werden zu Rillettes (Rezept S. 51) oder Pot-au-feu (Rezept S. 74) gereicht.

Lapin au thym

Die besten Teile des Kaninchens sind die Hinterläufe.

Für 6 Personen
40 g Schalotten,
3 Knoblauchzehen, 1 Bund Thymian, Olivenöl, 1 Flasche Weißwein, 1/2 l Hühnerbrühe,
6 Kaninchenhinterläufe,
1/2 Bund Basilikum,
1/2 Bund Kerbel,
200 g junger Spinat,
1 Bund Petersilie,
1 Eigelb, Salz, Pfeffer,
100 g altes Weißbrot,
200 g getrocknetes und gewaschenes Schweinenetz,
200 g schwarze Oliven

Schalotten und Knoblauch schälen und mit einigen Thymianzweigen in 150 ml Olivenöl in einem großen Topf anbraten. 300 ml Weißwein und die Hühnerbrühe angießen. 30 Minuten köcheln lassen, dann ist die Grundsauce fertig. Beiseite stellen. Kaninchenläufe entbeinen, aufschneiden und leicht auseinanderdrücken.

Nun Basilikum, Kerbel, Spinat und Petersilie hacken, mit Eigelb und dem zerbröselten Brot vermischen, salzen, pfeffern und abschmecken.
Die Kaninchenläufe mit der Mischung füllen und einzeln in ein Schweinenetz wickeln. Mit 4 Eßlöffeln Olivenöl in einem Topf anbraten. Sobald die Keulen goldgelb sind, mit dem restlichen Weißwein ablöschen und einkochen lassen.
Mit der Grundsauce auffüllen, Oliven und Thymian zufügen. Bei geschlossenem Deckel 1/2 Stunde köcheln lassen. Dann sind die Keulen gar und zart. Die Sauce durch ein Spitzsieb filtern und die Keulen damit überziehen.
Mit Salzkartoffeln servieren.

Loup grillé au fenouil sauvage

Für 6 Personen
3 Loups de mer à 800 g,
50 g Fenchelgrünstiele,
Olivenöl, Pfeffer,
feines Salz aus der Camargue,
3 EL Weißweinessig,
1 Bund Salbei

Der Fisch wird am besten auf der Glut eines Rebenholzfeuers gegrillt.
Fische ausnehmen, schuppen, abspülen und trockentupfen. Fenchel in kleine Stücke schneiden und die Fische damit füllen. Mit Öl einstreichen und im Kühlschrank ruhen lassen.
Inzwischen Feuer mit Rebenholz entfachen und gut durchglühen lassen.
In einem Schälchen aus Pfeffer, Salz, Olivenöl und Weißweinessig eine Vinaigrette rühren.
Die Fische zwischen zwei Roste legen und von jeder Seite 10 Minuten grillen. Dabei immer wieder den Salbei, den man, um sich nicht zu verbrennen, an einen 40 cm langen Stock gebunden hat, in die Vinaigrette tauchen und den Fisch damit beträufeln. Ist der Fisch gar (das Fleisch muß an der Gräte noch leicht rosa sein), wirft man das Salbeibüschel in die Glut.
Mit Fenchel-Tomaten-Gemüse (siehe folgendes Rezept) servieren, als Wein reicht man einen weißen Coteau d'Aix-en-Provence.

Fenouil aux pommes d'amour

Die Tomaten werden in der Provence gerne als »pommes d'amour«, Liebesäpfel, bezeichnet.

Für 6 Personen
2 EL Olivenöl, 2 Zwiebeln,
100 g Speck, 6 Fenchelknollen,
6 Knoblauchzehen mit Schale,
6 reife Tomaten, 1 Glas Weißwein, Salz, Pfeffer

In einem Topf mit wenig Olivenöl die grob geschnittenen Zwiebeln und den gewürfelten Speck anbraten. Sobald die Zwiebeln Farbe annehmen, die halbierten Fenchelknollen, Knoblauch, Wein, Salz und Pfeffer zugeben und 10 Minuten köcheln lassen. Die halbierten Tomaten hinzufügen und bei geschlossenem Deckel 30 Minuten garen lassen.

Figues rôties au miel et au Beaume de Venise

Für 6 Personen
12 große Feigen,
2 Gläser Beaume de Venise,
200 g Honig

Feigen waschen, Stiele entfernen und dicht an dicht in eine feuerfeste, lasierte Tonform legen. Mit Beaume de Venise begießen und mit Honig bestreichen. Im vorgeheizten Ofen bei starker Hitze 10 bis 20 Minuten backen, bis der Honig karamelisiert ist. Lauwarm mit zwei Kugeln Vanilleeis oder alleine kalt servieren.

Im Juni und Juli gibt es in der Provence viele grüne Feigen.

AIX-EN-PROVENCE
UND UMGEBUNG

S. 92/93:
Die Montagne Sainte-Victoire wurde durch die Gemälde von Paul Cézanne weltberühmt. Weinfelder und Zypressenhaine sind typisch für die liebliche Landschaft rund um Aix.

In Aix-en-Provence beginnt und endet der Tag unter den ausladenden Ästen der Platanen, die den Cours Mirabeau, die wohl schönste Straße der Provence, überdachen. Früh am Morgen, wenn die Luft noch kühl ist, kaufen sich hier Studenten und Geschäftsleute ihre Zeitung und trinken einen Kaffee in einem der Straßencafés. Den ganzen Tag herrscht reges Treiben, das auch nach Einbruch der Dunkelheit noch lange anhält.

Wenn Arles das Herz der römischen Provence und Avignon die Stadt des Mittelalters ist, dann steht Aix für das 17. und 18. Jahrhundert, als die zu Vermögen gekommenen Bürger ihre herrschaftlichen Häuser bauten und keine Kosten für verschwenderische Details scheuten. Die Stadt sollte eine Augenweide sein, und wo man auch hinschaut, fällt der Blick auf Plätze und Brunnen, geschnitzte Holztüren und steinerne Portale, muskulöse Atlasfiguren, anmutige Karyatiden und elegante, schmiedeeiserne Balkone mit vergoldeten Spitzen. Nur einmal um die Ecke, und Sie stehen auf der Place d'Albertas, einem kopfsteingepflasterten Karree mit rundem Brunnen, ein Platz von erlesener Schönheit. Ein paar Schritte weiter öffnet sich die Place Richelme, Schauplatz des täglichen Marktes. Dreimal pro Woche ist auf der Place de l'Hôtel de Ville Blumenmarkt, unter einem alten Glockenturm, dessen Glocke in einem fein gearbeiteten Eisenkäfig hängt. Selbst das Postamt in Aix ist schön. Es ist in einer Schranne aus dem 18. Jahrhundert untergebracht, deren Fassade verschwenderisch mit Allegorien der Rhône und der Durance geschmückt ist. Gleich dahinter befindet sich das Forum des Cardeurs, ein italienisch anmutender Platz, der einlädt, auf einen Kaffee zu verweilen.

In dieser Stadt, in der die Sonne träge macht, gibt es an die vierzig Brunnen. Sie werden teilweise von warmen Quellen gespeist, deren Temperatur zu allen Jahreszeiten 34 Grad Celsius beträgt. Diese Quellen kannten schon

Bei einem Spaziergang durch die Straßen von Aix kann man wunderschön gearbeitete geschnitzte Türen und steinerne Portale entdecken.

die Gallier. Im 2. Jahrhundert v. Chr. lebten hier die Saluvier, ein keltoligurischer Stamm, dessen Frauen in den warmen Quellen rituelle Bäder nahmen, die die Fruchtbarkeit förderten.

Die Place d'Albertas ist von schönen herrschaftlichen Häusern umgeben und der ideale Rahmen für Sommerkonzerte. Der Brunnen stammt aus dem Jahre 1912.

Die Krieger der Saluvier waren dafür bekannt, daß sie die Köpfe ihrer besiegten Feinde um die Hälse ihrer Pferde hängten oder stolz an Pfosten und Mauern in der Stadt nagelten. Auch als Reliefs und auf Amuletten kommen sie vor. Wer darauf achtet, wird plötzlich überall in Aix abgetrennte Köpfe entdecken.

124 v. Chr. zerstörte der römische Konsul Gaius Sextius die saluvische Stadt Entremont im Norden von Aix – sie ist heute eine eindrucksvolle Ausgrabungsstätte – und gründete das heutige Aix bei den warmen Quellen am Fuß des Berges, wo seine Legionäre ihre Wunden pflegten.

Das Taufbecken in der Kathedrale Saint-Sauveur stammt aus dem späten 4. Jahrhundert, die Säulen mit Sicherheit von einem noch älteren römischen Tempel. Tatsächlich ist die Kathedrale ein Mosaik der Geschichte der Stadt: Das keltische Baptisterium hat eine Renaissancekuppel, die Kirchenschiffe sind teils romanisch, teils gotisch und teils barock. Der Kreuzgang stammt aus dem 12. Jahrhundert, der Chor aus dem 13., der Glockenturm aus dem 14., das Chorgestühl und die Gobelins (die ursprünglich für die Kathedrale von Canterbury gefertigt wurden) sind aus dem 16. Jahrhundert, und 1746 wurde die gewaltige Orgel installiert.

Als ob das alles noch nicht genug wäre, befinden sich in der Kathedrale weitere Meisterwerke aus dem späten Mittelalter: So hängt an der Wand des Hauptschiffs das unglaublich schöne *Triptychon vom brennenden Dornbusch*, das 1467 von Nicolas Froment, einem Meister mit Detailbesessenheit, gemalt wurde.

Ein weiteres berühmtes Werk ist das *Verkündigungstriptychon* in der Kirche Sainte-Marie-Madeleine. Wie das *Tripty-*

Aix, die Aristokratische, offenbart noch in den winzigsten Details ihre ausgeprägte Vorliebe für das Theater und das Barocke. Bei einem Spaziergang durch die Stadt stößt man auf zahlreiche virtuos gestaltete Brunnen und grandiose Plätze.

Die Kartenspieler *(Ausschnitt) von Paul Cézanne, um 1890, Paris, Musée d'Orsay.*

Der Uhrturm auf der Place de l'Hôtel de Ville stammt aus dem 16. Jahrhundert. Die Figuren auf seiner Spitze symbolisieren die vier Jahreszeiten.

chon vom brennenden Dornbusch ist es voller Symbole, in diesem Fall jedoch von bösartiger Natur. Die Blumen in der Vase auf dem Fußboden sind Fingerhut, Belladonna und Basilikum, alle drei gefürchtete Hexenkräuter. Nach der Legende sollen die bösen Symbole aus Rache für ebenso böse Symbole auf dem Altarbild der St.-Anna-Kapelle in der Kathedrale eingefügt worden sein, alles im Auftrag zweier rivalisierender Familien der damaligen Zeit.

Die berühmten Calissons, das typische Konfekt aus Aix in Schiffchenform mit einem leichten Bittermandelaroma und edler Zuckerglasur.

Eine Zeitlang wurde die Darstellung des brennenden Dornbuschs dem Guten König René selbst zugeschrieben, einem hochgebildeten Mann der Frührenaissance, Musiker, Maler und Dichter. Er war Herzog von Anjou, König von Neapel und Sizilien, aber das einzige Amt, das er tatsächlich ausübte, war das des Comte de Provence. Allerdings war er kein tapferer Kriegsherr, sondern eher ein Bonvivant, der gerne große Feste ausrichtete. Er brachte die Muskatellertraube in die Region, weshalb David d'Angers der Statue des Königs auf dem Cours Mirabeau mit einem Büschel Muskatellertrauben darstellt.

Der Cours Mirabeau, dessen Verlauf der Befestigungsanlage König Renés folgt, ist nach einer Persönlichkeit mit sehr zweifelhaftem Ruhm benannt: Honoré Gabriel

In der Kathedrale Saint-Sauveur überschneiden sich die verschiedensten Baustile.

Wie überall in der Provence sorgen zahlreiche Brunnen in der Gluthitze des Sommers für angenehme Kühle.

Riqueti, Comte de Mirabeau. Obwohl der Name so etwas wie »schöner Anblick« bedeutet und die nach ihm benannte Straße ganz gewiß ein solcher ist, war der Graf alles andere als schön. Von geradezu sprichwörtlicher Häßlichkeit, pockennarbig und launisch, war er wegen Betrugs und unbezahlter Schulden in den Gefängnissen des Königreiches regelmäßig zu Gast. Mit dreiundzwanzig Jahren verführte er Mademoiselle de Marignane. Dann heiratete er sie wegen ihres Geldes. Faustkämpfe, Völlerei und Trunkenheit, Finanzskandale, eine Eskapade mit der jungen Frau eines ältlichen Marquis – schließlich wurde Mirabeau zum Tod verurteilt. Im Gefängnis schrieb er einen Essay über den Despotismus. Nachdem er, wie üblich, wegen seines hohen Standes begnadigt worden war, spielte er bei seiner Scheidung die Rolle seines eigenen Rechtsanwalts und vertrat seine Sache mit solchem Geschick, daß der gegnerische Anwalt in Ohnmacht fiel. Mirabeau verlor den Rechtsstreit, aber seine Beredsamkeit wurde allgemein anerkannt. Dann wandte er sich der Politik zu, wurde in die Generalstände gewählt und als Revolutionsredner berühmt. Er starb 1791 im Alter von zweiundvierzig Jahren.

Nur ein Jahr später, 1792, wurde das berühmteste Restaurant am Cours Mirabeau eröffnet, »Les Deux Garçons«. In Nr. 10 wurde Angélique de Castellane von

ihrem Ehemann ermordet. Napoleons Schwester Pauline Borghese hat in Nr. 20 gewohnt, und 1825 eröffnete der Vater von Paul Cézanne in Nr. 55 einen Hutmacherladen.

Auch der Ort von Mirabeaus schmachvoller Verführungstat, die Maison de Marignane, ist immer noch vorhanden, gleich hinter dem Cours Mirabeau im Mazarin-Viertel, einem Gewirr schmaler, schmucker Straßen, das 1640 vom Erzbischof Michel Mazarin, dem Bruder des berühmten Kardinals, angelegt wurde. Dort findet man auch das ehemalige Komtureigebäude des Malteserordens, in dem sich heute das Musée Granet befindet. Hier erhielt Cézanne seinen ersten Malunterricht. In der eindrucksvollen Sammlung findet man provenzalische Naive und Bilder von Le Nain, van Loo, Ingres, Géricault, David und Rubens, und in der archäologischen Abteilung gibt es seltene saluvische Plastiken von abgetrennten Köpfen, die bei den Ausgrabungen in Entremont gefunden wurden.

In dieser Epicerie findet man, was der Name verspricht: zum Beispiel Tapenade oder Anchoïade

Das Museum besitzt auch acht Gemälde von Cézanne, dazu einige der Kopien, die er selbst von seinen berühmten Bildern angefertigt hat. Hier hängen sie Seite an Seite mit den Originalen und erlauben einen Einblick in die Arbeitsweise des Künstlers.

Die Tour d'Horologe, ehemaliger Wehrturm der Stadt, zeigt die Mondphasen an.

Um 1850 pflegten auch Cézanne und sein Freund Émile Zola gerne auf der Terrasse des »Deux Garçons« zu sitzen. Zola wurde später zum Pariser, Cézanne jedoch blieb niemals lange fort und kam immer wieder nach Aix und zur Montagne Sainte-Victoire zurück, jenem kahlen weißen Berg im Osten der Stadt, der zu seiner künstlerischen Obsession wurde. 1877 kehrte er endgültig nach Aix zurück, und 1897 baute er sich sein Atelier außerhalb der Stadtmauern, wo er unter anderem seine vielen Badenden malte.

Eines dieser Gemälde, *Les Grandes Baigneuses*, war so groß, daß er eine Öffnung in die Wand seines Ateliers schlagen mußte, um es herauszubekommen. Bis zu seinem Tod, bis 1906, arbeitete Cézanne in seinem Atelier in Lauves, und das Loch in der Wand ist noch zu sehen. Außerdem kann man dort Zeichnungen und Skizzen, seine Staffelei, seinen Arbeitskittel, seine Palette und seine Pfeife besichtigen. Im Garten gibt es ein Café. Die »Route Cézanne« führt hinaus zu den Lieblingsplätzen des Malers, ans Ufer der Arc, zum Château Noir und zu den Steinbrüchen von Bibémus. Schmale Pappelalleen schlängeln sich durch die noch ganz ursprünglichen Dörfer Le Tholonet und Beaurecueil und führen schließlich zur Montagne Sainte-Victoire. Plötzlich steht man am Fuße des Bergs, eines zerklüfteten Brockens aus weißem Kalkstein, an seinem höchsten Punkt 1011 Meter hoch. Cézanne malte nicht weniger als sechzig Ansichten der Sainte-Victoire. Offenbar war er ganz besessen von den zerklüfteten Felsen und den ständig wechselnden Schatten des Berges. Als Pablo Picasso das Château de Vauvenargues kaufte, das an der Nordseite der Sainte-Victoire liegt, sagte er zu seiner Frau: »Wir werden bei Cézanne wohnen.«

Hier, in Vauvenargues, liegt Picasso begraben.

Im Mittelalter war das schachbrettartig angelegte Saint-Maximin-la-Sainte-Baume eine »neue« Stadt. Stadt und Bergmassiv sind untrennbar mit der Legende verbunden, die sie miteinander teilen.

La Montagne Sainte-Victoire *von Paul Cézanne, um 1890, Paris, Musée d'Orsay.*

Maria Magdalena und Maximin wurden mit den beiden Marien bei Saintes-Maries-de-la-Mer ans Land gespült. Maria Magdalena fand Zuflucht in einer Felsenhöhle der Sainte-Baume, wo sie drei Jahrzehnte Buße tat. Als sie starb, begrub der heilige Maximin sie in der Ebene, und als er selbst das Zeitliche segnete, wurde er neben ihr begraben. Später wurden die Sarkophage vor plündernden Sarazenen so gut versteckt, daß sie erst 1279 wiedergefunden wurden, als Karl II. von Anjou sie tief in einer Krypta in Saint-Maximin entdeckte. Er baute über der Krypta eine mächtige Basilika und ein imposantes Kloster. Auch die Höhle an der Flanke des Berges ist immer noch da: am Ende eines langen Aufstiegs zum Gipfel des Saint-Pilon, wohin Maria Magdalena nach der Legende siebenmal am Tag von Engeln emporgetragen wurde, um der Musik des Paradieses zu lauschen.

Salon-de-Provence war lange Zeit das Zentrum der Olivenproduktion der Provence.

Dieses Schild markiert die »Route Cézanne«.

Die Montagne Sainte-Victoire im Frühjahr.

Je kleiner die jungen Artischocken geerntet werden (sie müssen noch violett sein), desto besser schmecken sie.

Sauce aux amandes et à l'ail

Für dieses Rezept benötigt man einen Marmormörser und einen Stößel (am besten aus Olivenholz).

Für 6 Personen
30 geschälte Mandeln,
5 geschälte Knoblauchzehen,
6 EL Olivenöl, 6 Scheiben Röstbrot

Mandeln und Knoblauchzehen mit einigen Tropfen Wasser in einen Mörser geben und zerstoßen, dabei nach und nach das Olivenöl zugießen.
Die fertige Paste auf die Brotscheiben streichen und einige Minuten im vorgeheizten Backofen überbacken.
Als Appetithappen servieren.

Crème de melets

Für dieses Rezept, das bereits in der Römerzeit bekannt war und eine Spezialität aus Martigues ist, werden Setzlinge von Anchovis oder eventuell von Sardinen verwendet.

Feines Salz aus der Camargue, Lorbeerblatt, Fenchel, Sardinen, 1 EL Olivenöl

In einem Holzfaß eine Lage von mit Lorbeerblatt und Fenchel vermischtem Salz auslegen, darauf eine Lage Setzlinge. Mit einem Gewicht beschweren und 2 Wochen ruhen lassen. Dann die Setzlinge aus der Salzlake heben, abtropfen lassen und durch ein Sieb drücken (die Gräten müssen zurückbleiben). Die Creme mit einigen Tropfen Olivenöl verrühren.
Zu gegrilltem Fisch servieren.

Sauce aux amandes et aux anchois

Für dieses Rezept benötigt man einen Marmormörser und einen hölzernen Stößel.

Für 6 Personen
30 g geschälte Mandeln,
6 Anchovisfilets,
1 Prise Fenchelsamen,
5 EL Olivenöl,
6 Scheiben Röstbrot

Mandeln, Anchovisfilets und Fenchelsamen mit einigen Tropfen Wasser in einen Mörser geben und zerstoßen, dabei nach und nach das Olivenöl zugießen.
Die fertige Paste auf die Brotscheiben streichen und einige Minuten im vorgeheizten Backofen überbacken.
Diese Paste kann man auch mit rohen Gemüsestreifen zum Apéritif servieren.

Les Actinies

Aktinien sind auch unter dem Namen Seeanemonen bekannt. Wer in der Provence Urlaub macht, kann versuchen, sie am Strand der Camargue selbst zu sammeln, da sie beim Fischhändler nur selten zu bekommen sind.

Aktinien, Wasser, Essig, Zitrone

Die Aktinien waschen und 10 Minuten in Essigwasser wässern. Mit einer Schere die Spitzen der Fangarme abschneiden und den Körper längs aufschneiden.
Abspülen und abtropfen lassen. Die Aktinien können in Ausbackteig, in einer Omelette, paniert oder einfach gebraten und mit Zitronensaft beträufelt serviert werden.

Gratin d'épinards à l'Aixoise

Für 6 Personen
1,5 kg Blattspinat,
4 EL Olivenöl,
15 g Butter, 1 EL Mehl,
3 harte Eier,
1/2 l Milch,
Paniermehl

Den Spinat putzen und sorgfältig waschen, einige Minuten in kochendem Wasser blanchieren.
Gut ausdrücken, hacken und in einen Topf mit Olivenöl und einem Stückchen Butter geben. Spinat anbraten und mit Mehl bestäuben. Sobald das Mehl Farbe annimmt, die Milch angießen und gut verrühren.

Die hartgekochten Eier in Scheiben schneiden und unter den Spinat heben. Die Mischung in eine Auflaufform geben, mit Paniermehl bestreuen und im vorgeheizten Ofen bei 180 Grad etwa 20 Minuten backen, bis das Paniermehl goldgelb ist.
Heiß als Beilage servieren oder mit einem Salat als Vorspeise.

Marmite de petits légumes

Für 6–8 Personen
500 g Karotten, 200 g kleine weiße Zwiebeln, 200 g Erbsen, 200 g Saubohnen, 200 g grüne Bohnen, 200 g Salatherzen, 1,2 kg neue Kartoffeln, 200 g kleine, violette Artischocken, 3 EL Olivenöl, 1 Sträußchen Petersilie, Salz, Pfeffer, 1 Prise Zucker

Alle Gemüse waschen. Karotten und Zwiebeln schälen, Erbsen und Saubohnen enthülsen, Bohnen abziehen, Salatherzen putzen. Alle Gemüse mit drei Eßlöffel Olivenöl, drei Eßlöffel Wasser, Salz, Pfeffer und einer Prise Zucker in einen großen Topf geben und bei geschlossenem Dekkel und milder Hitze 20 Minuten köcheln lassen. Zu Lamm- oder Milchlammkeule servieren.

Gigot de chevreau à l'anchois

Milchlamm wird meist im April angeboten. Das Fleisch muß etwas kräftiger gewürzt werden als Lamm.

Für 3 Personen
1 Keule vom Milchlamm (ca. 1,5 kg), Olivenöl, 1 Zitrone, 6 Anchovisfilets, 6 ungeschälte Knoblauchzehen, 150 g Speck

Die Keule auf ein Backblech geben und mit Öl bestreichen, rundherum legt man die Zitronenscheiben, den Knoblauch, die Anchovisfilets, einige Speckwürfel und gießt ein Glas Wasser an. 30 Minuten im vorgeheizten

Backofen bei 220 Grad garen, dabei immer wieder mit dem Bratensaft begießen.
Ist das Fleisch gar, Zitronenscheiben entfernen und den Bratensatz mit kochendem Wasser ablöschen. Anchovisfilets und Knoblauchzehen darin zerdrükken und in eine Saucière füllen. Das Fleisch mit der Sauce und gemischten Gemüsen servieren. Dazu paßt als Wein ein roter Côtes du Lubéron.

Faisselle aux abricots

Für 6 Personen
400 g Ziegenfrischkäse, 1 TL Honig, 1 EL Marc de Provence, 1 l Wasser, 200 g Zucker, 1 kg Aprikosen

Den Frischkäse gut mit Honig und Marc de Provence verschlagen und kalt stellen.
In einem Topf Wasser und Zukker zum Kochen bringen, die gewaschenen Aprikosen darin bei geschlossenem Deckel 5 Minuten ziehen lassen. Sobald die Aprikosen abgekühlt sind, werden sie durchgeschnitten und entsteint. 12 Aprikosenhälften zurückbehalten, den Rest mit einigen Eßlöffeln Kochsirup pürieren.
Den Frischkäse mit den Aprikosenhälften und dem Coulis servieren.

Les Calissons d'Aix

Diese Spezialität aus der Provence wird aus Mandeln und kandierten Melonen hergestellt. Die Melone kann, wie in unserem Rezept, durch kandierte Orangenschalen ersetzt werden.

Für eine Form von 25 cm Durchmesser
300 g geschälte Mandeln, 60 g kandierte Orangenschale, 60 g fester Honig, 1 Matzen (ungesäuertes Brot), 3 Eiweiß, 150 g Zucker

Wasser aufkochen, von der Feuerstelle nehmen und die Mandeln einige Minuten darin ziehen lassen.
Mandeln abtropfen lassen und schälen, anschließend mahlen. Mit der gehackten Orangenschale vermischen und mit dem Honig verrühren.
Sobald die Masse glatt ist, die Matzenbrotscheibe 1 Zentimeter dick mit der Masse bestreichen. Das Ganze in die Form legen.
In einer Schüssel Eiweiß und Zucker vermischen und die Mandelmasse damit bestreichen.
Den Teig in der gewünschten Form zuschneiden, in der Provence traditionell in Rauten, und 5 Minuten im Ofen backen.

Paul Cézanne,
Stilleben mit Äpfeln,
um 1879 – 1882,
Paris, Orangerie.

MARSEILLE

Seite 106/107: Die Calanques zwischen Marseille und Cassis.

Linke Seite: Der Turm des Fort Saint-Jean und im Hintergrund die Kathedrale »La Major«

Vallon des Auffes: Dort treffen in Marseille die Fische für die Bouillabaisse direkt vor Tontons Restaurant ein.

Von jeher eigensinnig, unabhängig und rebellisch – kein Wunder, daß Marseille die Revolution unterstützte. Freiwillige aus Marseille, die gegen Paris marschierten, machten sich ein Lied der Rheinarmee zu eigen: Die *Marseillaise* wurde durch sie zur französischen Nationalhymne. Man distanzierte sich von der Verfassung, revoltierte und erduldete Repressionen. Unter Napoleon schlug sich die Stadt auf die Seite der Royalisten, im Zweiten Kaiserreich war sie republikanisch… Marseille ist die älteste und zweitgrößte Stadt Frankreichs, der wichtigste Hafen im Mittelmeer und der achtgrößte der Welt. Es ist groß, aufdringlich, obszön, schmierig, zäh, grob, kompliziert, zynisch, überquellend von Leben, Problemen, Reichtum, Armut, Verbrechen, Korruption und Charme. Man spricht hier provenzalisch, die Sprache Pagnols. Es ist die Hauptstadt der Provence, obwohl es, zumindest auf den ersten Blick, vollkommen anders ist als die übrige Region und ganz Frankreich. Das Schicksal versetzte Marseille harte Schläge. Immer wieder war es Angriffsziel von Invasionen: Goten, Franken, Sarazenen und Seeräuber trieben hier ihr Unwesen. Zweimal wütete die Pest in der Stadt, erstmals im Mittelalter und dann noch einmal um 1720. 1940 wurde Marseille von den Deutschen bombardiert und 1943/44 von den Alliierten. Aber derselbe Eigensinn, der Unglück über die Stadt brachte, half ihr auch wieder heraus.

Im Mittelalter wurde Marseille wichtiger Ausgangshafen für die Kreuzzüge. Zwei Jahrhunderte lang brachte der Vieux Port Reichtum in die Stadt. In der Kolonialzeit setzte sich diese Entwicklung glücklich fort. Doch nach der französischen Eroberung Algeriens nahm der Schiffsverkehr noch einmal zu, so daß der Vieux Port zu eng wurde und in La Joliette riesige, neue Docks entstanden. Ebenso wichtig war der Bau einer 83 Kilometer langen Wasserleitung über

Blick auf den Vieux Port von Marseille mit dem Fort Saint-Jean.

Fischerboote in Vallon des Auffes.

Notre-Dame-de-la-Garde, das Wahrzeichen von Marseille

Zinédine Zidane, der Fußballstar von Marseille.

Vallon des Auffes ist ein kleines Dorf inmitten der Großstadt Marseille.

die der Hafen mit dem Wasser der Durance versorgt wurde. Als 1869 der Suezkanal eröffnet wurde, der Marseille mit dem Fernen Osten verband, explodierte die Stadt.

Im Zuge des Aufschwungs schwappte das Meer immer immer mehr Einwanderer nach Marseille, zuerst waren es vorwiegend Italiener, aber dann kamen sie aus allen Mittelmeerländern. Die Stadt gleiche einer Garküche, meinte Maupassant, der die unterschiedlichsten Düfte entströmten: Gerichte aus Schwarzafrika und der Türkei, aus Griechenland und Italien, aus Malta, Spanien und Korsika sowie aus England. Nicht zu vergessen die Spezialitäten von Marseille selbst. Später kamen auch noch Armenier, Nordafrikaner, Vietnamesen und Kambodschaner hinzu. Und die Heimkehrer aus den ehemaligen französischen Kolonien! Die Bouillabaisse, die duftende, reiche Fischsuppe ist bis heute das Aushängeschild der Marseiller Küche.

Vielleicht liegt es an der Vielfalt der Stadt, daß die außerordentliche Schönheit ihrer Lage oft vergessen wird: Aus den tiefblauen glitzernden Fluten erhebt sich ein Höhenzug mit leuchtendweißen Spitzen, davor das immense Häusermeer der Stadt mit leuchtend roten Ziegeldächern. Notre-Dame-de-la-Garde wurde erst im 19. Jahrhundert an exponierter Stelle auf einem Hügel 162 Meter ü. d. M. erbaut, den Glockenturm der Kirche krönt »La Bonne Mère«, eine Madonna, die über die Stadt wacht.

Wenn man von dort oben auf die Stadt hinunterblickt, scheint in das brodelnde Chaos Ruhe einzukehren. Die berühmte lebhafte Hauptstraße La Canebire, eine bunte Mischung aus Billigläden und Gebäuden aus dem 19. Jahrhundert, verläuft vom alten Hafen aus nach Osten. Canbe heißt auf Provenzalisch Hanf, und die Straße wurde nach einer Seilerei benannt, die hier früher stand.

Nördlich des alten Hafens liegen die Quais von La Joliette und das Viertel Le Panier, ein Labyrinth aus engen Gassen und Treppen, rosa- und ockerfarbenen Häusern, an deren Fenstern Wäscheleinen hängen. Die Architektur der neuen Kathedrale »La Major« versucht Stilelemente der romanischen Kirche aufzugreifen, auf deren Fundamenten sie erbaut wurde, und die Vieille Charit, ein Hospital aus dem 17. und 18. Jahrhundert, beherbergt heute das Archäologische Museum und das Museum für afrikanische, ozeanische und indianische Kunst.

Marseille kann plötzlich ganz nostalgisch wirken; man fühlt sich geradewegs in die von Marcel Pagnol beschriebene Stadt zurückversetzt.

Südlich, auf einer Klippe, die ins Meer hinausragt, erbaute Napoleon III. für die Kaiserin Eugénie den Palais du Pharo. Sie zog allerdings Biarritz der Mittelmeerstadt Marseille vor. Die Basilika Saint-Victor aus dem 11. Jahrhundert wurde auf den Überresten eines der ältesten Klöster des Abendlandes errichtet. Jedes Jahr zu Mariä Lichtmeß, am 2. Februar, führen die Fischhändler Marseilles eine Prozession zur Erinnerung an die Ankunft der heiligen Marien und des heiligen Lazarus durch.

Der Vieux Port ist heute in erster Linie ein Yachthafen, doch jeden Morgen findet am Quai des Belges ein kleiner Fischmarkt statt.

Das renovierte Arsenalviertel ist heute Fußgängerzone mit Restaurants und Cafés. Etwas näher an der Canebire, in der Rue Saint-Ferrol, befinden sich die großen Kaufhäuser von Marseille, und dahinter wieder ein Gewirr schmaler Straßen mit bunten Märkten und ausgefallenen Läden.

Von der Corniche Président Kennedy, der hoch über dem Meer gelegenen Küstenstraße, blickt man hinüber zum Château d'If, jener Zitadelle aus dem 16. Jahrhundert, wo laut Alexandre Dumas der legendäre Graf von Monte Christo eingekerkert war. Die Straße führt auch durch den winzigen Fischereihafen Vallon des Auffes, eines der »111 Dörfer«, aus denen sich Marseille zusammensetzt. Dort kann man im »L'Épuisette« oder »Chez Fonfon« direkt am Wasser sitzen und in frischen Meeresfrüchten und Aïoli schwelgen. Etwas weiter gelangt man an den Stränden des Prado entlang zum Park des Château Borly mit dem Musée des Arts Décoratifs – Schauplatz der Boule-Meisterschaften. Wer allerdings alle Museen Marseilles besuchen möchte, muß sich dafür mindestens eine Woche Zeit nehmen. Die Auswahl reicht vom Musée des Docks Romains, den römischen Dockanlagen, Musée de la Mode, Musée de la Faïence, Musée d'Histoire de Marseille, Musée des Beaux Arts bis zum Musée Cantini mit einer schönen kunstgewerblichen Sammlung und Meisterwerken der modernen Malerei (Matisse, Picasso, Chagall, Giacometti, Bacon u. a.). Reizvoll wäre es, die Werke aller der Künstler in einem Museum zusammenzuführen, die Marseille und seine Umgebung gemalt haben: Cézanne, Renoir, Braque, Signac und Derain beispielsweise.

Im 19. Jahrhundert fand die Olivenölseife der Seifensieder von Marseille reißenden Absatz. Die Seifenindustrie nahm ihren Aufschwung. Nach und nach löste jedoch das Waschpulver die traditionellen Seifenstücke ab.

Zwischen Marseille und Cassis ziehen sich die Calanques hin, eine fjordartige Steilküste mit klarem, türkisfarbenem Wasser und hochaufragenden, weißen Kalksteinklippen. Nur wenige Buchten – Callelongue, Sormiou, Morgiou und Port-Miou – können mit dem Auto erreicht werden. Am Strand von Sormiou können Sie sich nach der abenteuerlichen Kurverei im Restaurant »Le Lunch« mit einem Pastis und frischem Fisch stärken. Das Restaurant ist auch abends geöffnet, die Bouilla-

Flohmarkttreiben in Marseille.

Das Quartier du Panier, das auf den Fundamenten des antiken Massalia entstand, hat seine Atmosphäre weitgehend bewahrt.

Ein kleiner Hafen, ein paar Cabanons und im Hintergrund die Calanque de Morgiou. Unweit von Cap Morgiou befindet sich die prähistorische Cosquer-Unterwasser-grotte.

Die Calanque d'En-Vau, unweit von Cassis.

baisse muß man allerdings im voraus bestellen.

1991 entdeckte der Forscher Henri Cosquer in einer Unterwassergrotte bei Cap Morgiou paläolithische Höhlenmalereien

und -zeichnungen, die für die Öffentlichkeit leider nicht zugänglich sind.

Doch auch die nächstgelegene Bucht, wo kleine Häuser am Felsen kleben und einzelne Fischerboote Schutz suchen, ist ein Idyll mit traumhaftem Badestrand und Café-Restaurant. Der Wiederaufstieg danach ist allerdings nicht zu unterschätzen. Andere Calanques, wie Sugiton, Port Pin und die spektakuläre En-Vau, besucht man am besten von Marseille oder Cassis aus mit dem Boot.

Typisch für die Gegend sind die Cabanons, die an den Calanques zu finden sind: winzige Holzhütten, manche ohne fließendes Wasser und Elektrizität – die wohlgehüteten Feriendomizile der Minderbemittelten. Ursprünglich waren sie Fischerhütten. Sie alle haben blühende, sorgfältig gepflegte Gärten und Blumenkästen sowie phantasievolle Namen. Cassis könnte mühelos den Titel »Hübschester Fischereihafen an der Küste von Marseille« gewinnen, trotz der modernen Wohnanlagen, die dahinter entstanden sind. Cassis wurde von Mistral in epischer Breite besungen und von Matisse, Derain, Vlaminck und Dufy gemalt. Man stellt dort aber auch einen frischen Weißwein her, der an den Bergflanken in Terrassen wächst, die bis zum Meer hinunterreichen. Probieren Sie ihn unbedingt vor Ort.

Port-Miou, die längste der Calanques, und die Quais des kleinen Hafens von Morgiou.

Marcel Pagnol wurde in Aubagne in den Hügeln oberhalb von Cassis geboren. Er ist in dem kleinen Weiler La Treille begraben, in einer Gegend, die er so lyrisch in *Die Wasser der Hügel* und in seinen Memoiren *Der Ruhm meines Vaters* und *Das Schloß meiner Mutter* beschreibt. Aubagne ist von Tonsteinbrüchen umge-

Die wilden Naturschönheiten der Calanques sind zwar vor dem Mistral geschützt, aber durch den Menschen bedroht.
Von links nach rechts: Calanque d'En-Vau, das Calanques-Massiv, die Calanque von Cassis, Calanque de l'Oule.

Ein Bad im klaren, smaragdgrünen Wasser der Calanque d'En-Vau bleibt ein unvergeßliches Erlebnis.

Probieren Sie in Cassis unbedingt einen lokalen Weißen.

Paul Cézanne, L'Estaque, Blick vom Golf von Marseille, *um 1879, Paris, Musée d'Orsay.*

ben und war schon in der Antike ein Zentrum der Töpferei, in dem Vasen, Amphoren, Kochgerät und Dachziegel hergestellt wurden, und seit dem 19. Jahrhundert auch die traditionellen Santos, die Figuren der heiligen Familie, der Hirten und der Weisen aus dem Morgenland, aber auch alle Figuren des täglichen Lebens in der Provence.

In den Weingärten oberhalb des Badeortes Bandol liegt das romantische La-Cadière-d'Azur. Die »Hostellerie Brard«, ein Familienbetrieb, überzeugt mit ihrem unaufdringlichen Stil: Antiquitäten und ausgezeichnete, provenzalische Küche, serviert in einem Speisesaal mit wunderbarer Aussicht auf die Weingärten. Küchenchef Ren Brard bietet auch Kochkurse an.

Auf der anderen Seite des Tales erhebt sich auf einem bewaldeten Hügel das mittelalterliche Dorf Le Castellet. Seine Stadtmauer aus dem 12. Jahrhundert ist bemerkenswert gut erhalten. Im Pfarrgarten der kleinen romanischen Kirche wachsen Lavendel und Zitronenbäume, die alten Häuser sind zu Künstlerateliers und -werkstätten umfunktioniert.

Der hübsche Fischer- und Yachthafen von Sanary-sur-Mer, der durch eine Reihe niedriger Berge vor dem Mistral geschützt ist, empfängt mit einem palmenbestandenem Strand. Im Jahr 1793 zeichnete sich der bis dahin unbekannte junge Hauptmann Napoléon Bonaparte in einer

Manche Ecke von Martigues erinnert noch an den kleinen, bunten Fischerort vergangener Zeiten.

Blick auf die Insel Porquerolles.

Die handgemachten Figuren stammen aus der Santos-Werkstatt Castelin Peirono in Aubagne.

Eine Gruppe Kartenspieler à la Pagnol.

Schlacht gegen die Engländer aus, denen die Royalisten den Ort überlassen hatten. Im November 1942, als Hitler in die »freie Zone« im Süden Frankreichs einmarschierte, versenkten die Franzosen im Hafen von Toulon fünfundsiebzig Schiffe ihrer eigenen Kriegsflotte, damit sie nicht in Feindeshand fielen.

Heute ist Toulon der wichtigste Militärhafen der Franzosen im Mittelmeer. Die Altstadt ist ein Gewirr winziger Gäßchen zu beiden Seiten ihrer Hauptstraße, der Rue d'Alger. Unter den Platanen des Cours Lafayette findet jeden Morgen außer montags einer der farbenfrohsten Märkte der Provence statt, gerade so wie in einem Lied von Gilbert Bécaud, Sohn von Toulon, besungen. Leider ist das alte Rotlichtviertel, das unter dem Namen »Chicago« bekannt war, den städtischen Sanierungsbestrebungen zum Opfer gefallen.

Hyères, etwa zwanzig Kilometer weiter östlich, war im Altertum griechischer Handelsplatz, der von den Römern übernommen wurde. Ludwig der Heilige brach 1254 von hier zum vierten Kreuzzug auf, der mittelalterliche Hafen ist jedoch inzwischen versandet und durch eine neue Hafenanlage ersetzt. Von hier aus setzt man zu den Îles d'Hyères über.

Eine Fischhändlerin – eine der traditionellen, provenzalischen Figuren.

Hyères war im Mittelalter ein bedeutender Hafen und Anlaufpunkt für viele Kreuzfahrer.

Die Palmen entlang den Straßen von Toulon spenden an heißen Sommertagen etwas Kühle.

Die Île de Giens ist im Laufe der Jahrhunderte zu einer Halbinsel geworden.

Die Inseln, heute ein Nationalpark, werden oft die Goldenen Inseln genannt. Porquerolles ist mit Zypressen und duftenden Büschen bestanden. Das Fort Sainte-Agathe ragt über die kleine Hafenstadt hinaus, deren Hauptstraße eine einzige Kette von Cafés und Restaurants ist. Die noch ganz ursprüngliche Insel ist ein Paradies für Wanderer und Radfahrer. Und man hat erkannt, daß die reiche Natur der Inselwelt beschützt werden muß. Eines der wenigen auf der Insel zugelassenen Autos ist der alte Dodge-Truck des Hotels »Mas de Langoustier«. Wer Porquerolles kennenlernen möchte, muß aufs Fahrrad umsteigen. Auf Port-Cros sind nicht einmal die umweltfreundlichen Fahrräder erlaubt. Aber es gibt einen faszinierenden Unterwasserpfad, der mit gelben Bojen markiert ist und auf dem auch Nicht-Taucher die Fauna und Flora unter der Wasseroberfläche genießen können. Der größte Teil der Insel gehört der französischen Marine. An den Stränden des privaten Nudistenclubs ist Kleidung verpönt.

La Rouille

Die Rouille ist eine Grundsauce der provenzalischen Küche. Zur Zubereitung benötigt man einen Marmormörser und einen Holzstößel.

2 Knoblauchzehen,
2 Cayennepfefferschoten, entrindetes Weißbrot,
200 ml Olivenöl,
Salz

Knoblauch und Pfefferschoten in dem Mörser zerstoßen. Das Weißbrot (etwa ein eigroßes Stück) in der Bouillon der Bouillabaisse einweichen und gut ausdrücken. In den Mörser geben und ebenfalls gut zerstoßen. Die Paste mit einem Schneebesen aufschlagen und dabei langsam das Olivenöl zugeben. Salzen. Ist die Rouille zu fest, wird sie mit etwas Bouillon der Bouillabaisse verdünnt.

La Rouille du pêcheur

Stockfisch und Kartoffeln sind die Basis für diese rustikale Rouille. Dafür einfach für die Bouillabaisse einige Kartoffeln mehr zubereiten und später für die Rouille aufheben.

Den Stockfisch in einer Kasserolle pochieren. Sobald das Wasser zu sieden beginnt, Topf vom Feuer nehmen. Ist der Stockfisch gar, aus dem Wasser heben und abtropfen lassen. Gräten und Haut entfernen, zerpflükken und mit den in Scheiben geschnittenen gekochten Kartoffeln vermengen. Mit einigen Eßlöffeln Fischsuppe verdünnen und lauwarm servieren.

Fischmarkt im Hafen von Marseille.

Rouille d'oursin

2 Knoblauchzehen, Fischleber (z. B. von der Meerbarbe, die für die Suppe verwendet wird), 1 Eigelb, 200 ml Olivenöl, Safran, 6 Seeigel

In einem Mörser Knoblauchzehen und die zuvor in der Fischbouillon der Bouillabaisse pochierte Fischleber zerstoßen, bis eine glatte Paste entsteht. Ein Eigelb unterrühren, mit einem Schneebesen aufschlagen und dabei langsam das Olivenöl zugeben. Mit Safran bestreuen und die Seeigeleierstöcke zugeben, die mit dem Stößel unter die Sauce gearbeitet werden. Zur Bouillabaisse servieren.
Auf dieselbe Weise kann man auch eine Langustenrouille herstellen.

La Bouillabaisse

Für 6–8 Personen

Zunächst bereitet man eine gute Fischbouillon zu.

100 ml Olivenöl, 2 Tomaten, 2 Stiele Fenchelgrün, 2 zerdrückte Knoblauchzehen, 1 Lorbeerblatt, 1 getrocknete Orangenschale, 2 Stangen Sellerie, 2 Zwiebeln, Salz, Pfeffer, 2 kg Felsenfische und/oder Fischköpfe

In einem großen Topf in wenig Olivenöl die in Stücke geschnittenen Tomaten, Gemüsestücke und Gewürze 5 Minuten anbraten. Salzen und pfeffern. Die ganzen ausgenommenen und geschuppten Fische zugeben und mit 3 l kaltem Wasser aufgießen. Ab Erreichen des Siedepunkts 30 Minuten kochen lassen. Alles durch ein Spitzsieb gießen, dabei alle Zutaten gut durchdrücken.
Dieser Fond ist die Grundlage für die Bouillabaisse, man kann ihn aber auch als Bouillon mit Knoblauchbrot, geriebenem Parmesan und Rouille servieren.

6 Scheiben Seeteufel, 6 Scheiben Meeraal, 3 Petermännchen, 1 Petersfisch, 3 mittelgroße rote oder weiße Drachenköpfe (ersatzweise auch Meerbarben), 2 Stiele Fenchelgrün, 3 Tomaten, 14 Kartoffeln, 3 g Safran, Salz, Pfeffer, 1 Bund glatte Petersilie

Fische ausnehmen und schuppen. Leber beiseite stellen (mit den Fischköpfen kann man den Fond zubereiten).
Gemüse waschen und Kartoffeln schälen. In einer großen,

Die farbenprächtigen Zutaten der Bouillabaisse und als Extra ein paar Krebse.

lasierten Tonschüssel die Fische (mit oder ohne Kopf), Fenchel, Tomaten und in Scheiben geschnittene Kartoffeln schichten, mit gehackter Petersilie, Safran, Salz und Pfeffer bestreuen, vermengen und einige Stunden kalt stellen.
Den Fischfond erhitzen, sobald er kocht, das marinierte Gemüse hineingeben, 10 Minuten garen. Wenn die Kartoffelscheiben halb gar sind, nach und nach die Fische zugeben, Seeteufel und Meerbarben zuletzt. Bei starker Hitze 15 Minuten weiterkochen. Nochmals abschmecken, die Fische und die Kartoffeln herausheben. Die Suppe in einer Terrine servieren, die Fische mit den Kartoffeln separat reichen, dazu Knoblauchcroûtons, die Seeigel-Rouille und geriebenen Parmesan.
Um die Suppe zu verfeinern, kann man eine ganze Languste mitkochen, anschließend den Corail entfernen und das Fleisch unter die Suppe rühren.

Bouillabaisse Borgne

Diese Bouillabaisse, für die nur Gemüse verwendet wird, ist die bäuerliche Variante, die traditionell im Landesinneren zubereitet wird.

Für 6 Personen
6 EL Olivenöl,
2 Lauchstangen,
1 Zwiebel,
3 Tomaten,
4 Knoblauchzehen,
2 Stiele Fenchelgrün,
2 Lorbeerblätter,
1 Stück getrocknete Orangenschale,
6 Kartoffeln,
2 g Safran,
6 Eier,
6 Scheiben geröstetes Bauernbrot

In einem großen Topf in etwas Olivenöl den kleingeschnittenen Lauch und die geschnittene Zwiebel anbraten. Kleingeschnittene Tomaten, gehackten Knoblauch, Fenchel, Lorbeerblatt, Orangenschale und die geschälten und in dicke Scheiben geschnittenen Kartoffeln dazugeben.
Mit 1,5 l kaltem Wasser aufgießen, die Bouillon soll immer nur schwach sieden. Sobald die Kartoffeln gar sind, Safran über die Suppe streuen.
Die Eier nacheinander vorsichtig in einer Tasse aufschlagen, in die Suppe gleiten lassen und einige Minuten pochieren.
Die pochierten Eier und die Kartoffeln in tiefen Tellern auf Röstbrotscheiben anrichten. Suppe darübergeben.
Um diese bäuerliche Variante zu verfeinern, kann man statt Hühner- auch Taubeneier verwenden und grüne Spargelspitzen und kleine Artischocken hinzufügen.

Pieds et paquets à la marseillaise

Für 6 Personen
Kutteln von
2 Lammägen,
300 g Speck,
500 g Kalbsgekröse,
1 kg Karotten,
1 kg Tomaten,
2 Zwiebeln,
3 Schalotten,
2 Selleriestangen,
6 Knoblauchzehen,
2 Gewürznelken,
6 Lammfüßchen,
1 Gewürzsträußchen (Thymian, Lorbeerblatt, Petersilie),
Salz, Pfeffer,
1 Glas Weißwein,
100 g Mehl,
1/2 Glas Wasser

Die Kutteln sorgfältig unter fließendem Wasser waschen und in 5 bis 10 cm große rechteckige Stücke schneiden. Um grobe Speckwürfel wickeln und mit den Sehnen des Kalbsgekröses zu kleinen Päckchen zusammenschnüren.
Gemüse waschen, schälen, in große Stücke schneiden. Eine feuerfeste, lasierte Tonform mit einer Schicht Karotten, Tomaten, Zwiebeln, Schalotten, Sellerie, fein gehacktem Knoblauch, Gewürzsträußchen und Gewürznelken auslegen. Die Lammfüße

und die Kuttelpäckchen darauflegen. Salzen, pfeffern, Weißwein angießen.
Den Deckel der Tonform mit Hilfe eines Wasser-Mehl-Teigs luftdicht verschließen.
7 Stunden bei milder Hitze im vorgeheizten Ofen garen.
Mit Rotwein (z. B. einem Croz Hermitage) servieren.
Für festliche Anlässe werden die Kuttelpäckchen manchmal mit gehacktem Speck und 100 g Trüffeln gefüllt.

Sabayon aux fruits

Für die Zabaione kann man wahlweise rosa Grapefruits, Orangen oder pochierte Birnen verwenden.

Für 4 Personen
6 Eigelb,
300 g Zucker,
1/2 Flasche Beaume de Venise (Süßwein aus Muskatellertrauben),
300 ml Crème fraîche,
1 kg geschälte Früchte

In einer Schüssel Eigelb mit Zucker verschlagen, bis die Masse weiß wird.
Beaume de Venise in einem Topf erhitzen.
Eigelb und Zucker unter ständigem Rühren mit dem Schneebesen im Wasserbad erhitzen und langsam den warmen Süßwein zugeben, die Creme muß dick werden. Abkühlen lassen.
Inzwischen die Crème fraîche aufschlagen und unter die Zabaione heben, über die vorbereiteten Früchte geben. Für einige Sekunden unter den Grill schieben.

Aïoli

Die Aïoli ist eine scharfe, aber sehr schmackhafte Sauce aus Knoblauch und Olivenöl. Zur Zubereitung benötigt man einen Marmormörser mit Stößel (vorzugsweise aus Olivenholz).

10 Knoblauchzehen, 2 Eigelb, 200 ml Olivenöl, Salz, Pfeffer

Die geschälten Knoblauchzehen in einem Mörser zerstoßen, bis eine glatte Paste entsteht. Eigelb zugeben. Mit einem Schneebesen verschlagen, dabei in dünnem Strahl das Olivenöl zugeben. Mit Salz und Pfeffer abschmecken.

NÎMES UND UZÈS

S. 124/125: Blick über die Altstadt von Uzès.

Linke Seite: Bronzestatue von Nimeno, Nîmes' berühmtesten Matador

Wenn man durch die verschlafenen Straßen von Nîmes spaziert, ist es schwer vorstellbar, daß hier dreimal im Jahr explosionsartig der Wahnsinn des Féria-Fiebers ausbricht. Dann sind die Straßen Tag und Nacht voller Menschen, zahllose Bodegas schießen über Nacht wie Pilze aus dem Boden. Trompeten und Tamburine begleiten die Flamencorhythmen, Zigeunermusik erfüllt die Straßen. Berittene Gardians geleiten die schwarzen Stiere durch die Stadt – Abrivado heißt das traditionelle Rennen –, während Schaulustige versuchen, einen Stier zum Ausbrechen aus der Herde zu animieren. Eine Woche lang hallt die ganze Stadt morgens, nachmittags und manchmal auch am Abend vom Gebrüll der Menge in der ausverkauften Arena wider, vom Jubelgeschrei bei jedem Angriff des Stieres.

Auch in anderen Städten in Frankreich gibt es Stierkämpfe, in Arles zum Beispiel, aber auch in Béziers und in Saintes-Maries-de-la-Mer. Aber nirgendwo wird die Corrida mit solcher Leidenschaft verfolgt wie in Nîmes. Die drei Férias – im Februar, zu Pfingsten und im September zur Ernte – sind Höhepunkte des Jahres.

Im Gegensatz zu Arles sind die Stierkämpfe in Nîmes durch und durch spanisch. Die leuchtendbunten Kleider der Frauen erinnern an Sevilla, man ißt Tapas und Paella und trinkt dazu Sherry oder einen Costières de Nîmes. Die Stiere kommen aus Madrid oder von einer Herde in der Camargue, und die Matadore haben wenig Ähnlichkeit mit den hemdsärmeligen Gardians. Die Férias im spanischen Stil sind relativ neu. Die Pfingst-Féria gibt es seit 1958 und die Ernte-Féria seit 1978. Die Tradition, Menschen und Tiere in einem Kampf auf Leben und Tod gegeneinander antreten zu lassen, reicht jedoch zurück bis ins 1. Jahrhundert v. Chr., in die Zeit, in der das Amphitheater gebaut wurde.

Oben: Das römische Amphitheater von Nîmes – heute Hochburg des Stierkampfs; unten: Die Tour Magne in Nîmes.

Die Maison Carrée, im 1. Jahrhundert v. Chr. erbaut, ist einer der besterhaltenen römischen Tempel des Abendlands.

Die korinthischen Säulen der Maison Carrée spiegeln sich in einem der Fenster ihres modernen Gegenstücks, dem Carré d'Art.

Nemausus, benannt nach der heiligen Quelle, an der es erbaut wurde, war die Hauptstadt der keltoligurischen Region, die problemlos in das Römische Reich eingegliedert wurde, nachdem es im 1. Jahrhundert v. Chr. mit Veteranen von Cäsars ägyptischen Feldzügen besiedelt worden war. Die Legionäre brachten die Symbole ihrer Eroberungen mit: Auf ihren Münzen waren ein Krokodil in Ketten und eine Palme zu sehen – sie tauchten im Mittelalter im Wappen der Stadt wieder auf. Nîmes lag an der Via Domitia, war durch eine mächtige Stadtmauer geschützt und genoß die Gunst von Kaiser Augustus, der möglicherweise der Gründer der Stadt war, und später auch die Gunst seiner Nachfolger Hadrian und Antonius, die Tempel, ein Forum, einen Circus, Thermen, Brunnen und ein wunderbares, fast fünfzig Kilometer langes Aquädukt erbauen ließen. Das Amphitheater, dem von Arles sehr ähnlich, ist hier besser erhalten: Die Attika ist unversehrt, und an einigen Stellen sind noch die Sockel für die Masten vorhanden, die das Velum trugen. Gladiatoren, Gefangene, frühe Christen, Löwen, Tiger, Bären, Stiere, ja sogar Hunde und Stachelschweine kämpften drei Jahrhunderte lang in der Arena, bis solche Kämpfe untersagt wurden. Im Mittelalter diente das Amphitheater als Festung, und in seinem Inneren wurden Häuser errichtet, so daß ein geschütztes Dorf für etwa 2000 Bewohner entstand, von denen die letzten erst im 18. Jahrhundert aus-

Die Palme und das Krokodil: Wahrzeichen von Nîmes, in einem Entwurf von Philippe Starck.

zogen. Während der Pest diente es als Quarantäneort für die Kranken, und im Zweiten Weltkrieg bot es Zuflucht vor den Bombenangriffen. Auch heute noch ist es mit Konzerten und Corridas das Herz der Stadt, und an Stelle des alten Velum hat es ein modernes, einziehbares Sonnendach bekommen.

Das zweite römische Meisterwerk der Stadt ist zweifelsohne die Maison Carrée. Der kleine römische Tempel mit rechteckigem Grundriß, der zu Ehren der Enkel des Augustus gebaut wurde, ist fast vollständig intakt und gilt als herausragendes Beispiel römischer Baukunst. Während der letzten zwei Jahrtausende gelangte es abwechselnd in öffentlichen und privaten Besitz, diente als Ratshalle, als Stall, als Kapelle für Augustinermönche, als Lagerraum für die Archive des Departements, und seit dem frühen 19. Jahrhundert ist es städtisches Museum.

Auf der gegenüberliegenden Straßenseite steht der Carré d'Art, das städtische Museum für moderne Kunst, erbaut von dem Briten Norman Foster.

Die Architektur sollte eigentlich die Harmonie der Maison Carrée widerspiegeln. Die Sammlung umfaßt rund 250 Kunstwerke aus der Zeit seit 1960, darunter Werke von Arman, Daniel Buren,

Der Jardin de la Fontaine, ein Park im französischen Stil, wurde im 18. Jahrhundert rund um die antike Nemaususquelle angelegt.

Christian Boltanski, Gérard Garouste, Yves Klein, Martial Raysse, Gerhard Richter und Jean Tinguely.

Noch älter als die Maison Carrée ist das dritte Denkmal der Stadt aus römischer Zeit, die Tour Magne, die auf der höchsten Stelle eines steilen Hügels steht. Sie ist ein Überbleibsel der vorrömischen Festungsanlagen.

Mit dem Ende der Pax Romana sank das Glück der Stadt Nîmes, deren Geschichte vielfach von Religionskriegen gekennzeichnet war. Im 6. Jahrhundert fielen die Westgoten ein, später kamen die Sarazenen. Im 13. Jahrhundert unterstützte Nîmes die Katharer und wurde im Kreuzzug gegen sie besiegt. Das schreckliche 14. Jahrhundert brachte Räuberbanden

Der Pont du Gard, ein Meisterwerk der Baukunst: Um das fließende Wasser vor der gleißenden Sonne zu schützen, war die Rinne überdeckt.

und die Pest, und in einer Welle der Intoleranz wurden die Juden aus der Stadt verbannt. Im 16. Jahrhundert waren die Einwohner in ihrer Mehrheit Hugenotten. Ein Massaker an den Katholiken im Jahr 1567 führte zu einem Auf und Ab von blutiger Vergeltung und Rache zwischen Katholiken und Protestanten, das bis zur Revolution andauerte. Der Terror hat Wunden hinterlassen, die niemals wirklich geheilt sind.

Die Tour Fenestrelle in Uzès, ein runder Glockenturm im italienischen Stil, fand in Frankreich keine Nachahmung.

Im 16. Jahrhundert erlebte das Textilhandwerk eine Blüte, die bis ins 19. Jahrhundert andauerte. Die Manufakturen befanden sich vorwiegend in der Hand protestantischer Produzenten und Kaufleute, deren Stadthäuser noch heute die Straßen säumen. Das strapazierfähige Tuch aus Nîmes war schon im Mittelalter berühmt – es wird behauptet, daß auch die Segel für Christoph Kolumbus hier gefertigt worden seien. Das wäre vielleicht eine Erklärung dafür, daß dieser Stoff ein paar Jahrhunderte später die Vereinigten Staaten eroberte. Während des Goldrauschs wurde er in Kisten mit der Aufschrift »de Nîmes« bis nach Kalifornien verschifft.

Der Pont du Gard, zwischen 40 und 60 n. Chr. unter Kaiser Claudius erbaut, ist Teil eines 43 Kilometer langen Aquädukts, das frisches Wasser aus den Bergen nach Uzès und Nîmes brachte. Der Pont ist eine der herausragenden Ingenieurleistungen der Römer – eine dreistöckige Bogenkonstruktion, die sich 13 Meter hoch über den Fluß Gard erhebt. Die

Das Herzogschloß und die Tour Bermonde befinden sich mitten in der Altstadt von Uzès.

Uzès ist berühmt für seine Silhouette mit den vier Türmen. Hier die Tour de l'Horloge und der Schloßturm (oben) sowie der Turm von Saint-Étienne (links).

Blick auf die restaurierte Altstadt von Uzès.

sechs Tonnen schweren, ohne Zement aufeinandergesetzten Steinblöcke wurden per Flaschenzug hochgezogen, der von Sklaven mit Hilfe von Treträdern betrieben wurde.

Uzès taucht ganz plötzlich aus der hügeligen Wildnis aus Krüppeleichen, wilden Kräutern und Heidekraut auf, und seine berühmten vier Türme erheben sich über einem Gewirr von sonnenbeschienenen, rotbraunen Ziegeldächern. Drei der Türme symbolisieren die Mächte, die lange Zeit die Geschichte der Stadt bestimmten: die Kirche, der französische König und der Herzog von Uzès, erster Herzog des Königreichs. Der vierte Turm, die Tour Fenestrelle aus dem 12. Jahrhundert, ist einmalig in Frankreich, ein runder, sechsstöckiger Glockenturm im italienischen Stil, dem Turm von Pisa sehr ähnlich.

Tatsächlich hat die ganze Stadt etwas erfreulich Italienisches, eine gewisse Wärme und ein Summen, das die Place aux Herbes mit ihren Arkaden, ihren Brunnen unter Bäumen und ihrem Wochenmarkt erfüllt. Uzès ist das Zentrum einer alten, aristokratischen Region, in der noch heute viele Châteaux und Landsitze in Privatbesitz sind. Die Stadtpalais aus dem 17. und 18. Jahrhundert mit ihren typischen, mandelgrünen Fensterläden sind inzwischen restauriert. Wer durch die kopfsteingepflasterten Straßen wan-

dert, stößt auf attraktive Boutiquen und Einrichtungsläden.

Ursprünglich befand sich hier ein römisches Feldlager namens Ucetia. Später entstand um den herzoglichen Palast, den Duché, das mittelalterliche Uzés. Seit fast tausend Jahren ist der Duché im Besitz der Familie Crussol d'Uzès.

Ebenso wie Nîmes war Uzès ein Zentrum des protestantischen Widerstands. Die Tour Fenestrelle ist das einzige, was von einer romanischen Kirche übriggeblieben ist, die während der Religionskriege zerstört wurde, und in der Kathedrale Saint-Théodorit aus dem 17. Jahrhundert ist auf einer Seite eine hölzerne Empore zu sehen, die eilig errichtet wurde, als die Hugenotten gezwungen wurden, ihrem Glauben abzuschwören und zur Messe zu gehen, unten im Kirchenschiff aber nicht alle Platz fanden …

Noch 1950 war Uzès in Gefahr, gänzlich zu verfallen, aber seit es 1960 vom damaligen Kultusminister André Malraux als eine der ersten Städte Frankreichs offiziell zur »ville d'art et d'histoire« ernannt wurde, kam wieder Leben in die Stadt. Malraux war ein Freund der verwitweten Marquise d'Uzès, die bereits damit begonnen hatte, den Duché zu restaurieren.

Die Fassade der Kathedrale Saint-Théodorit aus dem 17. Jahrhundert, im Hintergrund die Tour Fenestrelle.

Das Dach der Schloßkapelle ist mit lasierten Ziegeln gedeckt.

Der zweiundzwanzigjährige Jean Racine verbrachte ein Jahr in Uzès, wohin er geschickt worden war, um bei seinem Onkel, der Pfarrer in dem kleinen Weiler Saint-Maximin war, auf den rechten Weg gebracht zu werden. In den Briefen, die er nach Hause schrieb, steht nichts von einer Berufung für die geistliche Laufbahn, dafür aber sehr viel über die Schönheit des Landes, den Gesang der Zikaden und das köstliche Essen. Schließlich gelang es Racine, seine Familie umzustimmen: Er wurde einer der größten Dramatiker Frankreichs. Uzès blieb ihm im Gedächtnis: »Wer nicht von seiner Schönheit verzaubert wird«, schrieb er, »hat keine Seele oder keine Augen.«

Gedenktafel für einen der berühmtesten Gäste der Stadt.

Saint-Victor-la-Coste liegt am Rande der Weinberge von Sérac und Tonel.

Schild des mittelalterlichen Gartens von Uzès.

Dies gilt für alle Dörfer der Umgebung. In Collias führt eine Brücke über das Wasserschauspiel des Alzon. In Castillon-du-Gard und Arpaillargues findet man heute Luxushotels in historischen Gemäuern. Castelnau hat ein Château aus dem 12. Jahrhundert, das seit fünfhundert Jahren von der gleichen Familie bewohnt wird, und in Collorues wird mit der alten Mühle noch immer nach traditioneller Methode Olivenöl gepreßt.

Saint-Quentin-la-Poterie ist seit dem Mittelalter für seine Töpferwaren bekannt. Die Dachziegel des Papstpalasts wurden hier ebenso hergestellt wie Tonerzeugnisse von Bauziegeln bis zu Tabakspfeifen. Um die Mitte des 20. Jahrhunderts ließ die Produktion nach, aber neuerdings haben etwa ein Dutzend Töpfer aus anderen Regionen in Saint-Quentin ihre Werkstätten eingerichtet. Die Qualität ihrer Erzeugnisse ist sehr unterschiedlich, aber es lohnt sich, hier haltzumachen, um das kleine Musée des Terrailles zu besuchen, das Töpferwaren aus dem gesamten Mittelmeerraum aus allen Jahrhunderten zeigt. Im nahegelegenen Bagnols-sur-Cèze ist im zweiten Stock des Rathauses das ausgezeichnete kleine Musée Albert-André

Töpferwaren aus Saint-Quentin-la-Poterie. Dieser Ort ist seit dem 14. Jahrhundert für seine Fayencekacheln und andere Tonerzeugnisse berühmt.

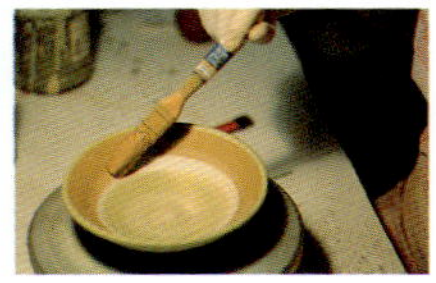

untergebracht, das von dem gleichnamigen Maler gegründet wurde, einem engen Freund von Renoir: Zu sehen sind Gemälde von Renoir, Bonnard, Matisse, Marquet, van Dongen und Suzanne Valadon.

Im Osten, zwischen Bagnols und Pont du Gard, liegen die südlichsten Weingärten an der Rhône. Wo in der Provence Wein wächst, sind die Römer nicht fern: Auf dem Plateau du Camp César, einer Ausgrabungsstätte oberhalb des Dorfes Laudun, von dem aus man die Täler der Rhône und der Cèze überblickt, haben Archäologen eine römische Stadt ausgegraben, mit einem Gerichtshof, einem Turm und einer ganzen Reihe von Läden.

Weiter im Süden, in der Nähe von Beaucaire, fand ein Weinbauer Scherben von römischen Amphoren auf seinen Feldern, und Grabungen bestätigten, daß seine Weingärten einmal ein gallorömisches Landgut waren, mit Rebstöcken und Olivenhainen, einer Töpferei und einem Weinkeller. Inspiriert von diesem unerwarteten Erbe, hat er einen römischen Weinkeller nachgebaut, mit einer Weinpresse aus Eichenholz, Ständern für Amphoren und strohgeflochtenen Körben für die Traubenernte. Besucher können dort nun zivilisierte Versionen römischer Weine probieren, süßen, roten Mulsum und weiße Turriculae, eine Mischung aus weißen Trauben und Salz.

Kürbisse in den typischen Farben der Provence: rot, violett, grün, orangefarben...

Soupe d'eau bouillie

Auf Provenzalisch heißt diese Suppe »aigou bollido«. Sie gilt als Heilmittel gegen Grippe oder Kater. Häufig wird sie auch zur besseren Verdauung nach einem üppigen Essen gereicht. Man sagt, nach einer gewissen Zeit würde sie den Menschen töten, was bedeutet, daß diese Suppe nicht nahrhaft genug ist, um einen Menschen am Leben zu halten, der nichts anderes zu sich nimmt.
Diese außergewöhnliche und delikate Suppe eröffnet das traditionelle provenzalische Weihnachtsmenü.

Für 6 Personen
24 ungeschälte Knoblauchzehen (4 pro Person),
Salz,
2 Thymianzweige,
1 Lorbeerblatt,
24 Salbeiblätter,
6 große Scheiben Röstbrot,
Olivenöl,
200 g Gruyère

Knoblauchzehen 10 Minuten in ca. 2 l Salzwasser kochen. Von der Feuerstelle nehmen. Thymian, Lorbeerblatt und Salbei zugeben und bei geschlossenem Deckel 20 Minuten ziehen lassen. Durch ein Sieb passieren und noch einmal aufwärmen, ohne die Suppe kochen zu lassen.
Mit den Röstbrotscheiben in eine Suppenterrine geben, mit Olivenöl beträufeln und mit geriebenem oder gehobeltem Gruyère bestreut servieren.

Tapenade noire

Tapenade kommt von dem provenzalischen Wort »tapeno« (Kapern).
In der Provence nimmt man

meist Oliven der Sorte Pichonline.

Für dieses und das folgende Rezept braucht man einen Marmormörser und einen Stößel (am besten aus Olivenholz).

Für 6 Personen
300 g schwarze Oliven,
10 Anchovisfilets,
1 EL Kapern,
1 EL Olivenöl,
1/2 Zitrone,
Röstbrot

Oliven entsteinen und fein hacken. Mit den gewaschenen und entsalzten Anchovisfilets und den Kapern in einem Mörser zerstoßen. Einige Tropfen Olivenöl und den Zitronensaft zugeben.
Auf warmem Röstbrot als Appetithappen zum Aperitif reichen.

Tapenade verte

Für 6 Personen
300 g grüne Oliven,
100 g geschälte Mandeln,
1 EL Kapern,
6 Anchovisfilets,
1 EL Olivenöl,
Marc de Provence (nach Belieben)

Die Oliven entsteinen und fein hacken. Mit den Mandeln, den Kapern und den Anchovisfilets in einem Mörser zerstoßen. Das Olivenöl in dünnem Strahl, eventuell auch einen Tropfen Marc de Provence zugeben.
Auf Röstbrot als Appetithappen reichen.

Les asperges de Lauris aux truffes

Für 6 Personen
120 g Trüffeln,
200 ml Olivenöl,
Essig,
Salz, Pfeffer,
1,5 kg Spargel

Trüffeln fein raspeln und eine Nacht in Olivenöl ziehen lassen. Am nächsten Tag Essig zugeben, mit Salz und Pfeffer abschmekken.
Spargel schälen und 15 Minuten in kochendem Salzwasser garen. Die Spargel müssen noch Biß haben. Abtropfen und auf Küchenkrepp legen, damit sie möglichst trocken sind.
Mit der Trüffel-Vinaigrette servieren.

Croûtons à la poutargue

Poutargue ist der Kaviar der Provence. Es ist der Rogen der Meeräschen, die früher häufig in der Carmargue im Étang de Berre vorkamen.
Heute gibt es kaum noch Meeräschen in der Provence. Den Rogen findet man in Feinkostgeschäften.

Für 6 Personen
100 ml Olivenöl,
250 g Meeräschenrogen,
6 große Scheiben helles Graubrot

Das Öl in ein Schälchen geben und einige Stunden ins Gefrierfach stellen.
Den Rogen von der Paraffinschicht und der feinen Haut befreien und in dünne Streifen schneiden.
Brotscheiben rösten, mit dem im Gefrierfach erstarrten Öl bestreichen und mit dem Rogen belegen.
Das warme Brot, auf dem das Öl zerfließt, sofort als Appetithappen servieren.

Meeräschenrogen passen auch zu Spaghetti mit Olivenöl und etwas Knoblauch, zu rohem, als Carpaccio angemachtem Thunfisch oder zu einem gemischten Blattsalat mit dicken weißen Bohnen.

Brandade de morue truffée

Für 6 Personen
500 g gesalzener Stockfisch,
1 l Milch, 1 Trüffel (50 g),
300 ml Olivenöl,
1 gehackte Knoblauchzehe,
2 kg neue Kartoffeln

Stockfisch 24 Stunden in einem großen Topf mit kaltem Wasser wässern, das man alle 4 Stunden wechselt. Danach den Stockfisch in einem großen Topf mit der Milch aufkochen, abschäumen. Von der Feuerstelle nehmen und 15 Minuten bei geschlossenem Deckel ziehen lassen.
Fisch herausheben, abtropfen lassen. Haut und Gräten entfernen und den Stockfisch in eine kleine Schüssel geben. Trüffel sorgfältig abbürsten, schälen, hacken und zu dem Fisch geben. Mit einem Holzlöffel kräftig durcharbeiten und in dünnem Strahl das Olivenöl zugeben, bis eine feste Paste entsteht, die mit der Kochmilch verdünnt wird. Knoblauch hinzufügen und gut durchrühren.
Während der Vorbereitung des Stockfischpürees die Kartoffeln 20 Minuten kochen. Kartoffeln halbieren, aushöhlen und mit dem Püree füllen. In eine feuerfeste Form setzen und kurz überbacken. Vorsicht, die Kartoffeln dürfen nicht zerfallen!
Mit einem Blattsalat servieren.

Côte de taureau

Für 2 Personen
1 gut abgehangenes (mindestens 1 Woche) Ochsenkotelett von ca. 1 kg, Olivenöl, zerstoßener Pfeffer, 2 Thymianzweige, 1 Rosmarinzweig, 1 Zwiebel, 1 Glas Marc de Provence

Das Ochsenkotelett in eine lasierte Tonform legen, mit Olivenöl bestreichen und mit zerstoßenen Pfefferkörnern, Thymian, Rosmarin und Zwiebelscheiben belegen. Mit Marc de Provence beträufeln. 24 Stunden im Kühlschrank marinieren, von Zeit zu Zeit wenden.
Auf gut durchgeglühter Holzkohle grillen, ohne das Fleisch durchzubraten.

Sorbet au romarin

Dieses Sorbet ist nicht nur köstlich, sondern auch äußerst gesund! Rosmarin erleichtert die Atmung und entspannt nach einem anstrengenden Tag, er wirkt herzstärkend und stimuliert die Nebennierenrinde.
Früher war Rosmarin – ein Symbol der Liebe – unabdingbarer Schmuck bei jeder Hochzeit. Er ist Grundlage der provenzalischen Küche und sollte frisch und sparsam verwendet werden.

Für 4 Personen
200 g Zucker,
Saft von 1 Zitrone,
1 blühender Rosmarinzweig

1/2 l Wasser, Zucker, Zitronensaft und Rosmarin in einen Topf geben. Aufkochen, bis der Zucker geschmolzen ist. Von der Feuerstelle nehmen und 30 Minuten ziehen lassen.
Die Sauce durch ein Spitzsieb filtern und abkühlen lassen.
In eine elektrische Sorbetmaschine geben.

ADRESSEN

WOHNEN

Aix-en-Provence
»Hôtel des Quatre Dauphins« · 54 rue Roux-Alphéran
13100 Aix-en-Provence · Tel. 04 42 38 16 39

Arles
»Hôtel d'Arlatan« · 26 rue du Sauvage
13200 Arles · Tel. 04 90 93 56 66

Avignon
»Hôtel du Palais des Papes« · 1 rue Gérard Philippe
84000 Avignon · Tel. 04 90 85 04 13

Marseille
»Relais Château Le Petit Nice« · Anse de Maldormé
13000 Marseille · Tel. 04 91 59 25 92

Saint-Rémy-de-Provence
»Mas de Cornud« · Route de Mas Blanc
13210 Saint-Rémy-de-Provence · Tel. 04 90 92 39 32

Sault
»Hostellerie du Val de Sault«
84390 Sault · Tel. 04 90 64 01 41

ESSEN

Aix-en-Provence
»Carlotta« · 1 rue Aumône-Vieille
13100 Aix-en-Provence · Tel. 04 42 26 38 25

Arles
»L'Olivier« · 1 bis, rue Réattu
13200 Arles · Tel. 04 90 49 64 88

Marseille
»Chez Fonfon« · 140 vallon des Auffes
13000 Marseille · Tel. 04 91 52 14 38

Saint-Rémy-de-Provence
»La Maison Jaune« · 15 rue Carnot
13210 Saint-Rémy-de-Provence · Tel. 04 90 92 56 14

Sault
»Hostellerie du Val de Sault«
84390 Sault · Tel. 04 90 64 01 41

Vaison-la-Romaine
»Restaurant Bellerive« · Rasteau
84110 Vaison-la-Romaine · Tel. 04 90 46 10 20

VERZEICHNIS DER REZEPTE